中國学術思想 研究輯刊

十 五 編

林 慶 彰 主編

第 11 冊

姚配中《周易姚氏學》研究（下）

陳 詠 琳 著

花木蘭文化出版社

國家圖書館出版品預行編目資料

姚配中《周易姚氏學》研究(下)／陳詠琳 著 — 初版 — 新北市：
花木蘭文化出版社，2013〔民 102〕
目 6+134 面；19×26 公分
（中國學術思想研究輯刊 十五編：第 11 冊）
ISBN：978-986-322-117-3（精裝）
1.（清）姚配中 2. 易經 3. 研究考訂
030.8 102001947

ISBN-978-986-322-117-3

9 789863 221173

中國學術思想研究輯刊
十五編　第十一冊　　　　　　　　ISBN：978-986-322-117-3

姚配中《周易姚氏學》研究（下）

作　　者　陳詠琳
主　　編　林慶彰
總 編 輯　杜潔祥
出　　版　花木蘭文化出版社
發 行 所　花木蘭文化出版社
發 行 人　高小娟
聯絡地址　235 新北市中和區中安街七二號十三樓
　　　　　電話：02-2923-1455／傳眞：02-2923-1452
網　　址　http://www.huamulan.tw 信箱 sut81518@gmail.com
印　　刷　普羅文化出版廣告事業
封面設計　劉開工作室
初　　版　2013 年 3 月
定　　價　十五編 18 冊（精裝）新台幣 30,000 元

姚配中《周易姚氏學》研究（下）

陳詠琳　著

目

次

上　冊

第一章　緒　論 ……………………………………… 1

第一節　研究動機與目的 …………………………… 2

第二節　文獻回顧與探討 …………………………… 5

第三節　研究範圍與方法 …………………………… 8

第四節　預期成果與價值 …………………………… 10

第二章　嘉慶、道光時期的易學發展析論 ………… 15

第一節　宮廷易著的停擺 …………………………… 15

一、宮廷易著的學術取向 ………………………… 16

二、宮廷易著停擺的原因 ………………………… 18

（一）官修經書幾達飽和 ……………………… 19

（二）朝廷對學術界的影響力下降 …………… 20

三、宮廷易著對士人的影響 ……………………… 21

第二節　漢代易學的流轉 …………………………… 22

一、前期漢易的延續 ……………………………… 23

（一）《四庫全書總目提要》的編纂成員 … 24

（二）張惠言及其《周易虞氏義》 ………… 25

二、當世漢易的隱憂 ……………………………… 26

（一）外緣因素 ………………………………… 27

（二）內緣因素 ………………………………… 28

三、後期漢易的轉化 ……………………………… 28

（一）專主 ……………………………………… 28

（二）調和 ……………………………………… 29

（三）不隸屬兩派 ……………………………… 30

第三節　輯佚易書的普遍 ………………………… 31

一、民間對易書輯佚的情景 ……………………… 32

二、輯佚對易學發展的貢獻 ……………………… 34

三、輯佚在易學界中的應用 ……………………… 35

第四節　結　語 …………………………………… 36

第三章　姚配中生平、學術及其易學著作 ……… 39

第一節　姚配中生平簡述 ………………………… 39

第二節　姚配中學術概況 ………………………… 42

一、深邃易理，旁通諸經 ………………………… 42

二、精善琴藝，能曉聲應 ………………………… 44

三、鍾愛書學，頗得師承 ………………………… 45

第三節　姚配中的易學著作 ……………………… 48

一、《周易姚氏學》十六卷 ……………………… 49

（一）成書歷程 ………………………………… 49

（二）版本 ……………………………………… 50

（三）體例 ……………………………………… 53

二、《易學闡元》三篇 …………………………… 57

（一）從《周易姚氏學》卷首綱領到成書 · 57

（二）版本 ……………………………………… 57

（三）文獻記載狀況 …………………………… 58

三、《周易通論月令》二卷 ……………………… 60

（一）撰寫動機 ………………………………… 60

（二）版本 ……………………………………… 62

（三）內容概要 ………………………………… 63

第四節　結　語 …………………………………… 66

第四章　清代學人對《周易姚氏學》之摩盪 …… 71

第一節　學術社群之相輔 ………………………… 71

一、間接助益 ……………………………………… 72

二、直接助力 ……………………………………… 74

（一）包世榮 ……………………………………… 74

（二）劉文淇 ……………………………………… 77

（三）薛傳均 ……………………………………… 80

（四）柳興恩 ……………………………………… 81

第二節　惠、張兩氏之潤澤 ……………………… 84

一、漢易奠基者——惠棟 ………………………… 84

（一）惠棟生平及易學論著概況 ………………… 86

（二）《周易姚氏學》對《周易述》之徵引

……………………………………………………… 88

（三）惠棟易學對姚配中的影響 ………………… 92

二、漢易啓蒙師——張惠言 ……………………… 94

（一）張惠言生平及易學論著概況 ……………… 95

（二）《周易姚氏學》對《周易虞氏義》之

徵引 …………………………………………… 97

（三）張惠言易學對姚配中的影響 …………… 100

第三節　其他學者之潛益 ……………………… 102

一、惠士奇 ……………………………………… 102

二、秦蕙田 ……………………………………… 104

三、戴震 ………………………………………… 106

四、姚鼐 ………………………………………… 109

五、孫星衍 ……………………………………… 110

第四節　結　語 ………………………………… 113

第五章　《周易姚氏學》博引群籍眾說以釋易 … 117

第一節　援《周易》經傳自證 ………………… 118

一、近人與姚配中對《周易》經傳之觀點 …… 119

（一）近代對《周易》形成的普遍觀念 …… 119

（二）姚配中對《易傳》的定義與理解 …… 120

二、援引《周易》自證模式之舉例 …………… 122

（一）稱引範圍 ………………………………… 122

（二）引錄方式 ………………………………… 123

三、援引《周易》累計情形 …………………… 125

第二節　取其他經部文獻旁證 ………………… 126

一、引《書》類旁證 …………………………… 126

二、引《詩》類旁證 ······················· 129
三、引《禮》類旁證 ······················· 132
　　（一）《禮記》 ······················· 132
　　（二）其他《禮》類 ··················· 134
四、引《春秋》類旁證 ··················· 136
　　（一）《春秋三傳》 ··················· 136
　　（二）《春秋繁露》 ··················· 138
五、引《孝經》與《爾雅》旁證 ········· 140
第三節　博采史書與百家之語 ············· 142
一、援引歷代史書 ······················· 143
二、援引先秦儒家 ······················· 146
三、援引《呂氏春秋》與《淮南子》 ····· 149
四、援引《白虎通》 ····················· 153
五、援引《太玄》 ······················· 155
六、援引其他諸子 ······················· 158
第四節　結　語 ··························· 159

下　冊

第六章　《周易姚氏學》考索漢、魏易家之長 ······ 161
第一節　考《子夏易傳》與孟喜易學之文字訓詁 162
一、《子夏易傳》與孟氏易學之文字訓詁概述 162
二、援說實例 ··························· 165
　　（一）《子夏易傳》 ··················· 165
　　（二）孟喜易學 ····················· 166
第二節　考京房之「陰陽氣說」 ··········· 167
一、京氏「陰陽氣說」概述 ··············· 168
二、援說實例 ··························· 171
第三節　考荀爽與《荀爽九家集注》之取象 ········ 172
一、荀氏與《荀爽九家集注》取象概述 ····· 173
二、援說實例 ··························· 175
第四節　考虞翻之象數易例 ··············· 176
一、虞氏象數易例概述 ··················· 177
二、援說實例 ··························· 178

（一）互體 ……………………………… 179

（二）半象 ……………………………… 180

（三）成〈既濟〉定 …………………… 181

（四）虞氏逸象 ………………………… 182

第五節　考鄭玄之義理易學 ……………… 183

一、鄭氏義理易學概述 ………………… 184

二、援說實例 …………………………… 185

（一）易三義 …………………………… 186

（二）用九體〈乾〉 …………………… 187

（三）以史事證《易》 ………………… 188

（四）以《易緯》治易 ………………… 189

第六節　結　語 …………………………… 190

第七章　《周易姚氏學》之易學特色 …… 193

第一節　對易元的繼承與發明 …………… 193

一、汲取先賢之「元」論 ……………… 194

（一）《易傳》之「元」論 …………… 195

（二）漢、魏、唐之「元」論 ………… 197

（三）惠棟、張惠言之「元」論 ……… 201

二、對「易元」的建構與開發 ………… 205

（一）「元」爲氣之始 ………………… 206

（二）「元」爲「一」爲「易」 ……… 207

（三）「乾元」與「坤元」 …………… 208

（四）乾元用九、坤元用六 …………… 210

（五）乾元潛伏於坤元之中 …………… 213

第二節　訓釋文字以融入象數體系 ……… 215

一、漢代方術之學對文字的雜染 ……… 217

二、《周易姚氏學》文字象數化 ……… 219

三、《周易姚氏學》數字數術化 ……… 222

第三節　會通〈月令〉與《周易》 ……… 227

一、〈月令〉與易學關係 ……………… 228

二、以〈月令〉比附《周易》 ………… 230

三、以「乾元」貫通兩者 ……………… 235

第四節　結語 ……………………………… 239

第八章　結　論 ································· 243
　第一節　《周易姚氏學》之回顧與綜述 ······· 243
　第二節　《周易姚氏學》之學術史價值 ······· 247
　　一、於嘉、道篤守漢易餘風 ··············· 248
　　二、繼承與檢討惠、張易學 ··············· 248
　　三、對象數發展過盛之內在反動 ··········· 249
　　四、重建鄭易與易元論 ··················· 250
　第三節　《周易姚氏學》之缺失與檢討 ······· 251
　　一、文字訛誤 ························· 252
　　二、引述未當 ························· 253
　　三、學說評議 ························· 255
　第四節　本論文之侷限與未來研究方向 ······· 257
徵引書目 ····································· 259
附　錄
　附錄一、姚配中學術年表 ················· 277
　附錄二、《禮記‧月令》各月份所對應項目總表 ··· 285
　附錄三、《周易姚氏學》引《周易述》對照表 ······ 287
　附錄四、《周易姚氏學》引《周易虞氏義》對照表
　　　　　　　　　　　　　　　　　　　　····· 293
圖表目次
　表一、清朝歷代皇帝敕令編纂的二十七部經書分類
　　　　　　　　　　　　　　　　　　　　····· 19
　表二、嘉、道年間五部輯佚叢書對易類書籍的輯錄
　　　　　　　　　　　　　　　　　　　　····· 33
　表三、民國六部叢書選用的《周易姚氏學》刻印本
　　　　　　　　　　　　　　　　　　　　····· 52
　表四、《周易姚氏學》之分卷 ··············· 55
　表五、姚配中易學著作與民國各大叢書收入狀況對
　　　　應表 ····························· 69
　表六、《周易姚氏學》徵引清人學說的情形 ······· 114
　表七、《周易姚氏學》徵引十篇七種《易傳》的情
　　　　形 ····························· 125
　表八、《周易姚氏學》以《毛詩》「風」、「雅」、「頌」
　　　　為稱引名稱之引文 ················· 130
　表九、《周易姚氏學》所徵引諸子文句舉隅 ······· 158
　表十、摻染陰陽五行與象數的漢、魏《易》解 ····· 218

第六章　《周易姚氏學》考索漢、魏易家之長

　　姚配中的治易傾向，偏重於漢人易說與象數易學。因此，漢、魏易學家就成為姚氏讀《易》時，主要學習、鑽研的對象，姚氏長年攻讀漢、魏易說，汲取前人易學之養分，終能自成一家。由於姚配中攝取的對象多為漢、魏儒者，故《周易姚氏學》主要援引的易學人物，也是以漢、魏易學家佔了絕大多數，本章便以此為主題，探討姚配中對漢、魏易學的理解與運用，而《子夏易傳》為眾家易學之淵藪，姚氏更徵引了《子夏易傳》十五次，故特別將其列入討論。本章挑選出孟喜、京房（字君明）、荀爽、虞翻、鄭玄這五名《周易姚氏學》多所提及或援用其重要概念的漢、魏易學家，此五名學者皆為一代宗師，都已建構出一套自己的易學體系，各有獨到的創見與特色。《周易姚氏學》引述這五位易學家某些易學概念，雖然未必是其最具代表性的學說，但也都是他們易學體系中，相當重要的釋《易》方法，例如：孟喜易學最為人稱道的應是「卦氣說」，姚氏在援用孟氏易學時，卻幾乎都用在字辭的解釋上（此與《周易姚氏學》徵引《子夏易傳》的特點相同，故將《子夏易傳》與孟喜易學合併討論），反而挖掘出孟氏易學中較不被學界重視，卻頗具意義的文字訓詁價值。以下就逐一考察《周易姚氏學》對「《子夏易傳》與孟喜易學之文字訓詁」、「京房之陰陽氣說」、「荀爽與《荀爽九家集注》之取象」、「虞翻之象數易例」、「鄭玄之義理易學」五種釋《易》方法的援用。當然，《周易姚氏學》提及與援用的漢、魏易學家固然不只此五名，釋《易》方法也不只這五種，此處僅是擇取較常被《周易姚氏學》援以釋《易》的五個代表來討論。

第一節　考《子夏易傳》與孟喜易學之文字訓詁

《四庫提要》言《子夏易傳》曰：「舊本題卜子夏撰，案說《易》之家最古者，莫若是書，其偽中生偽，至一至再而未已者，亦莫若是書。……唐以前所謂《子夏傳》已為偽本。晁說之《傳易堂記》又稱今號為《子夏傳》者，乃唐張弧之《易》，是唐時又一偽本竝行。……與今本又異，然則今本又出偽託，不但非子夏書，亦竝非張弧書矣。流傳既久，姑存以備一家云爾。」〔註1〕漢代以後，《子夏易傳》的作者與真偽問題，就一直是歷史公案，備受歷代學者爭議、討論。〔註2〕但不可抹滅的是，它對漢、魏易學的影響，尤其是在《周易》經文的文字訓詁及易學觀點兩方面，又更為明顯〔註3〕，《周易姚氏學》即多次引述《子夏易傳》對《周易》的字辭訓詁來解釋《周易》。

孟喜易為西漢象數易學的鼻祖，孟氏建構了一套易學的「卦氣」組織架構，即是以《周易》卦象解說一年節氣的變化，將六十四卦配四時、十二月、二十四節氣、七十二候〔註4〕，影響後世易學深遠。「卦氣」之說可謂後人談論孟氏易學的主要著眼點，姚配中慧眼獨具，稱引孟氏易時，除了其「卦氣」之說外，更是能注意到孟喜易學的文字、訓詁價值，並在《周易姚氏學》中援用之。

一、《子夏易傳》與孟氏易學之文字訓詁概述

《子夏易傳》常用注解單字片語的方式詮釋《周易》，例如《周易·頤·六二》：「顛頤，拂經于丘頤，征凶。」〔註5〕《子夏易傳》釋：「弗，輔弼也。」

〔註1〕引自〔清〕紀昀等撰：《欽定四庫全書總目·經部·易類》卷一，第1冊（臺北：藝文印書館，2004年10月），頁63。

〔註2〕陳師鴻森撰有〈「子夏易傳」考辨〉一文，文中爬梳諸儒所揣測的作者（大抵為卜子夏、韓嬰、韓商三人），再逐一檢核、辯明，並考唐、宋時期的《子夏易傳》傳本概況，以及清代各輯本之得失，將歷代對《子夏易傳》的爭議，做了一次完整且縝密的探討與整理。參閱陳師鴻森：〈「子夏易傳」考辨〉，《中央研究院歷史語言研究所集刊》第56本第2分（1985年6月），頁359～404。

〔註3〕參閱劉玉建著：《兩漢象數易學研究·子夏易學·《子夏易傳》對後世易學的影響》上冊（南寧：廣西教育出版社，1996年9月），頁62。

〔註4〕參閱朱伯崑著：《易學哲學史·漢唐時期·漢代的象數之學》第一卷（臺北：藍燈文化事業，1991年9月），頁131。

〔註5〕引自〔魏〕王弼、〔晉〕韓康伯注〔唐〕孔穎達等正義：《周易正義·頤·六二》卷三，收入〔清〕阮元校勘：《十三經注疏》（臺北：藝文印書館，2007年8月），頁69。

〔註6〕；《周易·遯·上九》:「肥遯,无不利。」〔註7〕《子夏易傳》釋:「肥,饒裕也。」〔註8〕；《周易·井·六四》:「井甃,无咎。」〔註9〕《子夏易傳》釋:「甃,脩治也。」〔註10〕等等,有些注解甚至稍具「訓某曰某」的訓詁句式雛型,如《周易·訟·九二》的「无眚」一詞〔註11〕,《子夏易傳》:「妖祥曰眚。」〔註12〕;《周易·復·上六》的「有災眚」一詞〔註13〕,《子夏易傳》:「傷害曰災,祥曰眚。」〔註14〕;《周易·明夷·六二》的「夷于左股」一詞〔註15〕,《子夏易傳》作「睇于左股」,並釋:「旁視曰睇。」〔註16〕從上述諸

〔註 6〕 引自〔清〕孫堂編輯:《漢魏二十一家易注·子夏易傳·頤》【清嘉慶四年映雪草堂刊本】,收入嚴靈峯編輯:《無求備齋易經集成》第 169 冊(臺北:成文出版社,1976 年),頁 31。

〔註 7〕 引自〔魏〕王弼、〔晉〕韓康伯注〔唐〕孔穎達等正義:《周易正義·遯·上九》卷四,收入〔清〕阮元校勘:《十三經注疏》(臺北:藝文印書館,2007 年 8 月),頁 85。

〔註 8〕 引自〔清〕孫堂編輯:《漢魏二十一家易注·子夏易傳·遯》【清嘉慶四年映雪草堂刊本】,收入嚴靈峯編輯:《無求備齋易經集成》第 169 冊(臺北:成文出版社,1976 年),頁 33。

〔註 9〕 引自〔魏〕王弼、〔晉〕韓康伯注〔唐〕孔穎達等正義:《周易正義·井·六四》卷五,收入〔清〕阮元校勘:《十三經注疏》(臺北:藝文印書館,2007 年 8 月),頁 110。

〔註 10〕 引自〔清〕孫堂編輯:《漢魏二十一家易注·子夏易傳·井》【清嘉慶四年映雪草堂刊本】,收入嚴靈峯編輯:《無求備齋易經集成》第 169 冊(臺北:成文出版社,1976 年),頁 37。

〔註 11〕 引自〔魏〕王弼、〔晉〕韓康伯注〔唐〕孔穎達等正義:《周易正義·訟·九二》卷二,收入〔清〕阮元校勘:《十三經注疏》(臺北:藝文印書館,2007 年 8 月),頁 34。

〔註 12〕 引自〔清〕孫堂編輯:《漢魏二十一家易注·子夏易傳·訟》【清嘉慶四年映雪草堂刊本】,收入嚴靈峯編輯:《無求備齋易經集成》第 169 冊(臺北:成文出版社,1976 年),頁 25。

〔註 13〕 引自〔魏〕王弼、〔晉〕韓康伯注〔唐〕孔穎達等正義:《周易正義·復·上六》卷三,收入〔清〕阮元校勘:《十三經注疏》(臺北:藝文印書館,2007 年 8 月),頁 66。

〔註 14〕 引自〔清〕孫堂編輯:《漢魏二十一家易注·子夏易傳·復》【清嘉慶四年映雪草堂刊本】,收入嚴靈峯編輯:《無求備齋易經集成》第 169 冊(臺北:成文出版社,1976 年),頁 31。

〔註 15〕 引自〔魏〕王弼、〔晉〕韓康伯注〔唐〕孔穎達等正義:《周易正義·明夷·六二》卷四,收入〔清〕阮元校勘:《十三經注疏》(臺北:藝文印書館,2007 年 8 月),頁 88。

〔註 16〕 引自〔清〕孫堂編輯:《漢魏二十一家易注·子夏易傳·明夷》【清嘉慶四年映雪草堂刊本】,收入嚴靈峯編輯:《無求備齋易經集成》第 169 冊(臺北:

例可知《子夏易傳》對字辭的訓釋風格顯明，故劉大鈞先生嘗云：「其（《子夏易傳》）解皆簡略明白，確有漢初解《易》者『訓詁舉大誼』之風。」〔註17〕《子夏易傳》著重文字訓詁的注《易》特色，由此可見一斑。

徐芹庭先生曾歸結孟喜易學的七種特色與價值：一、以本字正字可訂諸本之失；二、詁訓簡明易知；三、探象數之奧妙，得立辭之本旨；四、明卦候卦氣之學，以符人事之用；五、究靈異之深旨，導政教於正路；六、融古今文而一之；七、以聲韻通經義。〔註18〕其中的第一、第二、第七點都與文字、詞義的訓詁相關，足知孟喜不僅在「卦氣」易學的開展上有功於後世，其《孟喜易章句》亦可供後人校對、訓詁《周易》經、傳文字，此處便舉三條實例說明：《周易‧蒙‧九二》的「包蒙吉」一詞〔註19〕，孟喜易說作「彪蒙吉」，並釋：「彪，文也。」〔註20〕；《周易‧既濟‧六二》的「婦喪其茀」一詞〔註21〕，孟喜易說作「婦喪其髢」，並釋：「髢，鬢髮也。」〔註22〕；《周易‧未濟‧九四》的「震用伐鬼方」一詞〔註23〕，孟氏易釋：「震，敬也。」〔註24〕是知孟喜易對文字訓詁之長。然而，孟氏易學在文字訓詁上的價值，

　　　　成文出版社，1976年），頁33。

〔註17〕引自劉大鈞：〈今、古文易學流變述略──兼論《子夏易傳》真偽〉，《周易研究》總第80期（2006年12月第6期），頁6。

〔註18〕參閱徐芹庭著：《漢易闡微‧《孟氏易》》上冊（北京：中國書店，2010年1月），頁124。

〔註19〕引自〔魏〕王弼、〔晉〕韓康伯注〔唐〕孔穎達等正義：《周易正義‧蒙‧九二》卷一，收入〔清〕阮元校勘：《十三經注疏》（臺北：藝文印書館，2007年8月），頁24。

〔註20〕引自〔清〕黃奭編輯：《孟喜易章句‧蒙‧九二》，收入《黃氏逸書考》【民國十四年王鑒據懷荃室藏板修補本】第1冊（京都：中文出版社，1986年10月），頁26。

〔註21〕引自〔魏〕王弼、〔晉〕韓康伯注〔唐〕孔穎達等正義：《周易正義‧既濟‧六二》卷六，收入〔清〕阮元校勘：《十三經注疏》（臺北：藝文印書館，2007年8月），頁136。

〔註22〕引自〔清〕黃奭編輯：《孟喜易章句‧既濟》，收入《黃氏逸書考》【民國十四年王鑒據懷荃室藏板修補本】第1冊（京都：中文出版社，1986年10月），頁29。

〔註23〕引自〔魏〕王弼、〔晉〕韓康伯注〔唐〕孔穎達等正義：《周易正義‧未濟‧九四》卷六，收入〔清〕阮元校勘：《十三經注疏》（臺北：藝文印書館，2007年8月），頁138。

〔註24〕引自〔清〕黃奭編輯：《孟喜易章句‧未濟》，收入《黃氏逸書考》【民國十四年王鑒據懷荃室藏板修補本】第1冊（京都：中文出版社，1986年10月），頁29。

常被本身象數易學、「卦氣說」的光芒所掩蓋，姚氏能夠善加運用，此點實屬難能可貴。可惜的是，《周易姚氏學》在使用孟氏「卦氣說」解《易》時，皆直接暗用其易學條例，而不稱其名，稍有隱諱之弊。

二、援說實例

（一）《子夏易傳》

《周易姚氏學》共十五次徵引《子夏易傳》，分別在〈乾〉、〈乾‧上九〉、〈屯‧六二〉、〈師〉、〈比〉、〈比‧象傳〉、〈小畜‧九三〉、〈履‧九四〉、〈泰‧上六〉、〈賁‧六五〉、〈益‧象傳〉、〈夬‧九五〉、〈旅‧九四〉、〈既濟‧六四〉、〈說卦傳〉。《子夏易傳》多被姚配中用於考訂、訓詁《周易》卦、爻辭文字，筆者列舉幾個《周易姚氏學》徵引《子夏易傳》的例子，以觀察姚氏對《子夏易傳》的應用。以下就先從《周易》經文的考訂開始，見〈師〉卦的小字案語：

> 案：「丈人」，崔憬云：「《子夏傳》作『大人』。」鄭云：「天子、諸侯主軍。」則意與大人不異，以〈困〉卦：「貞大人」推之，此亦當從《子夏傳》作「大人」。鄭不破字者，以其義可通，故仍其舊，慎也。〔註25〕

通行本（【王弼本】）《周易‧師》卦辭：「〈師〉，貞，丈人吉，无咎。」〔註26〕《子夏易傳》則作「〈師〉，貞，大人吉。」並注曰：「大人，王者之師也。」〔註27〕師者，眾也，軍也。軍隊必有統帥，故鄭玄認同《子夏易傳》，此處應作「大人」。另可見〈既濟‧六四〉：

> 〈既濟‧六四〉：繻有衣袽，終日戒。
>
> 注：虞翻曰：〈乾〉爲衣，故稱繻。袽，敗衣也。
>
> 案：「繻」同「襦」……。《釋文》云「繻」；《子夏傳》作「襦」；薛虞云：「古文

〔註25〕 引自〔清〕姚配中撰：《周易姚氏學‧師》卷五【一經廬叢書本】，收入《續修四庫全書‧經部‧易類》第30冊（上海：上海古籍出版社，2002年3月），頁508。

〔註26〕 引自〔魏〕王弼、〔晉〕韓康伯注〔唐〕孔穎達等正義：《周易正義‧師》卷二，收入〔清〕阮元校勘：《十三經注疏》（臺北：藝文印書館，2007年8月），頁35。

〔註27〕 參照《子夏易傳‧師》，收入《黃氏逸書考》【民國十四年王鑒據懷荃室藏板修補本】第1冊（京都：中文出版社，1986年10月），頁19。

作『襦』」。案：「襦」即「襦」字。古文作「襦」，則「襦」，今文也。〔註28〕

《釋文》與通行本（【王弼本】）皆作「襦」，薛虞以作「襦」爲古文。姚配中便推測「襦」應爲今文，「襦」、「襦」相同，故《子夏易傳》所作：「襦有衣茹」〔註29〕，亦屬今文，姚氏藉《子夏易傳》而知今、古文之異。另一方面，《周易姚氏學》也多次徵引《子夏易傳》當作文字訓詁的依據，例如〈乾‧上九〉：

　　〈乾‧上九〉：亢龍有悔。

　　　注：鄭康成曰：堯之末年，四凶在朝，是以有悔，未大凶也。

　　　案：居六爻之極，動而之九，故亢。《子夏傳》云：「亢，極也。」〔註30〕

姚配中用案語說明：「上九」居六爻之極，故亢，取《子夏易傳》注解「亢」字。同樣的情形可見〈屯‧六二〉：「屯如，邅如，乘馬班如。」下引《子夏傳》曰：「如，辭也。」〔註31〕〈泰‧上六〉：「城復于隍……。」下引《子夏傳》云：「城下池。」〔註32〕等，最後舉《子夏易傳》釋詞之例，見〈履‧九四〉：「履虎尾，愬愬終吉。」下有注：《子夏傳》曰：「愬愬，恐懼之貌。」〔註33〕頗得漢人章句習氣。

（二）孟喜易學

　　姚配中注《易》時，也曾運用孟喜最具代表性的學說「十二消息」、「六日七分」等來解說，但遍覽整本《周易姚氏學》，稱引孟氏名號次數，竟然僅

〔註28〕引自〔清〕姚配中撰：《周易姚氏學‧既濟‧六四》卷十三【一經廬叢書本】，收入《續修四庫全書‧經部‧易類》第30冊（上海：上海古籍出版社，2002年3月），頁625。

〔註29〕參照《子夏易傳‧既濟》，收入《黃氏逸書考》【民國十四年王鑒據懷荃室藏板修補本】第1冊（京都：中文出版社，1986年10月），頁24。

〔註30〕引自〔清〕姚配中撰：《周易姚氏學‧乾‧上九》卷一【一經廬叢書本】，收入《續修四庫全書‧經部‧易類》第30冊（上海：上海古籍出版社，2002年3月），頁467。

〔註31〕引自〔清〕姚配中撰：《周易姚氏學‧屯‧六二》卷四【一經廬叢書本】，收入《續修四庫全書‧經部‧易類》第30冊（上海：上海古籍出版社，2002年3月），頁497。

〔註32〕引自〔清〕姚配中撰：《周易姚氏學‧泰‧上六》卷五【一經廬叢書本】，收入《續修四庫全書‧經部‧易類》第30冊（上海：上海古籍出版社，2002年3月），頁519。

〔註33〕引自〔清〕姚配中撰：《周易姚氏學‧履‧九四》卷五【一經廬叢書本】，收入《續修四庫全書‧經部‧易類》第30冊（上海：上海古籍出版社，2002年3月），頁517。

有三處，且都是藉其文字來訂正《周易》經、傳文字，並沒有明顯表現出孟氏「卦氣說」之特徵。茲將其全部列舉如下：

〈益・上九・象傳〉：莫益之，偏辭也。或擊之，自外來也。

注：孟喜曰：「偏，周匝也。」〔註34〕

〈豐・上六・象傳〉：豐其屋，天際翔也……。

注：孟喜曰：「天降下惡祥也。」案：《釋文》云「翔」；鄭、王作「祥」，據《孟注》。則孟已作「祥」，「降下惡祥」，蓋訓「際」爲「降」也。〔註35〕

〈繫辭下傳〉：古者庖犧氏之王天下也。

案：包羲氏之王天下，謂其體元而出治也。孟喜、京房云：「伏，服也。」

〔註36〕

由上述引文可知，姚配中在援引《孟喜易章句》輯文之注解時，並未與孟喜的「十二消息」、「六日七分」、「爵位說」等卦氣易學、象數易例做一個搭配，而是把孟氏易書當作訓詁、校訂《周易》經、傳文字的參照本。但若細查《周易姚氏學》，就會發現書中亦曾採用孟喜易學的「卦氣」條例與概念，只是姚氏不曾標註孟喜之名。

第二節　考京房之「陰陽氣說」

京房，字君明，西漢東郡頓丘（今河南清豐西南）人。本姓李，推律自定爲京氏，攻治易學，師事焦延壽，因善言陰陽災變、占候之術而聞名當代，爲京氏易學派的創始者〔註37〕，皮錫瑞云：「易家以陰陽災變爲說，首改師法，

〔註34〕引自〔清〕姚配中撰：《周易姚氏學・益・上九・象傳》卷十一【一經廬叢書本】，收入《續修四庫全書・經部・易類》第30冊（上海：上海古籍出版社，2002年3月），頁582～583。

〔註35〕引自〔清〕姚配中撰：《周易姚氏學・豐・上六・象傳》卷十二【一經廬叢書本】，收入《續修四庫全書・經部・易類》第30冊（上海：上海古籍出版社，2002年3月），頁612。

〔註36〕引自〔清〕姚配中撰：《周易姚氏學・繫辭下傳》卷十五【一經廬叢書本】，收入《續修四庫全書・經部・易類》第30冊（上海：上海古籍出版社，2002年3月），頁653。

〔註37〕有關京君明的生平事蹟，可詳見《漢書・眭兩夏侯京翼李傳第四十五》及《漢書・儒林傳第五十八》，請分別參閱〔漢〕班固等撰〔唐〕顏師古注：《漢書》卷七十五、卷八十八（北京：中華書局，2007年10月），第10、11冊，頁

不出於田何、楊叔、丁將軍者，始於孟而成於京。」〔註38〕孟喜率先在漢代開創了陰陽解《易》之說，京房繼其道，亦以陰陽變化作爲判讀吉凶的工具〔註39〕，發展出陰陽災變之說，《四庫提要》遂將孟、京兩人作爲易學兩派六宗之一的「機祥宗」代表。〔註40〕尚秉和曰：「西漢易學得孔子嫡傳者三家：施、孟、梁邱是也。三家之學，同祖丁將軍寬。……三家之易，獨孟喜兼明陰陽，不墜師法。焦延壽則問易於孟喜者也，故延壽亦兼明陰陽災變。……陰陽災異之學，由丁寬證之，其源皆出於孔氏，後三家惟孟喜爲能兼明，三家後惟焦、京能傳孟學，故京氏巍然爲三家後第一大家，得立于學官。」〔註41〕施、孟、梁邱三家皆於漢代立爲學官，只有孟喜能傳陰、陽之說，直到京房集孟氏易學大成，遂將《周易》的陰、陽兩爻，演進爲「陰、陽二氣」，使之成爲一套具系統性的易學理論。京房「陰、陽二氣」的概念影響後世深遠，直到清代嘉、道時期的《周易姚氏學》都還受惠於此說。

一、京氏「陰陽氣說」概述

京房的易學思想大致可分爲「八宮卦說」、「納甲說」、「五行說」、「卦氣說」、「陰陽說」五部分，其中的「陰陽說」是京房易學主要核心，此一基本思想，貫穿了另外四者。在易學範疇中，陰、陽是指卦爻的性質，京氏在融通《周易》生生不息的陰、陽變化現象之後，進而鮮明地提出「陰陽氣說」〔註42〕，劉玉建先生在《兩漢象數易學研究》曾將京房「陰陽氣說」細分爲「陰陽之氣的運動變化」、「陰陽之氣的進退升降」、「陰陽的統一和諧」、「陰陽的

3160～3167、頁 3601～3602。

〔註38〕 引自〔清〕皮錫瑞著：《經學通論・論陰陽災變爲易之別傳》（北京：中華書局，2008 年 6 月），頁 19。

〔註39〕 喬家駿先生曾在其博士論文中，專述京房以陰陽變化判斷吉凶之事例，參閱喬家駿：《孟喜、焦延壽、京房及其易學研究・京房及其易學探析與述評》（高雄：國立高雄師範大學國文學系博士論文，2010 年 7 月），頁 362。

〔註40〕 《四庫提要》：「漢儒言象數，去古未遠也，一變而爲京、焦，入於機祥。……易遂日啓其論端，此兩派六宗，已互相攻駁。」引自〔清〕紀昀等撰：《欽定四庫全書總目・經部・易類序》第 1 冊（臺北：藝文印書館，2004 年 10 月），頁 62。

〔註41〕 引自尚秉和：《焦氏易詁・焦易淵源》卷一（臺北：臺灣中華書局，1971 年 10 月），頁 3～4。

〔註42〕 參閱朱伯崑著：《易學哲學史・漢唐時期・漢代的象數之學》第一卷（臺北：藍燈文化事業，1991 年 9 月），頁 162。

相互轉化」、「陽尊陰卑」五項〔註43〕，筆者簡述其意於下，並嘗試使用不同的敘述、引例來說明，以補劉先生未能周全之處。

「陰陽之氣的運動變化」說明陰陽之氣永不止息的變動與更迭，《京氏易傳》曰：「積算隨卦起宮，〈乾〉、〈坤〉、〈震〉、〈巽〉、〈坎〉、〈離〉、〈艮〉、〈兌〉，八卦相盪。二氣陽入陰，陰入陽，二氣交互不停，故曰『生生之爲易』，天地之內無不通也。……新新不停，生生相續。」〔註44〕即此理也。

「陰陽之氣的進退升降」介紹陰、陽進退與彼此消長之勢，此引《京氏易傳》中排列順序連貫的〈剝〉、〈晉〉二卦〔註45〕說明，見《京氏易傳・剝》：「〈剝〉道已成，陰盛不可逆，陽息陰專，升降六爻，反爲游魂，盪入〈晉〉。」陸績注曰：「積陰反入〈晉〉卦。」〔註46〕再看《京氏易傳・晉》：「陰陽返復，進退不居。精粹氣純，是爲游魂。」陸績注曰：「爲陰極剝盡，陽道不可盡滅，故返陽道。」〔註47〕〈剝〉陰積過盛，故遊魂返四。是知「陰陽之氣的進退升降」，即爲京氏「八宮卦說」之基礎。

「陰陽的統一和諧」代表陰、陽相互作用，兩者在統一基礎上的平衡和諧，乃事物發展的最理想狀態，見《京氏易傳・晉》：「天地運轉，氣在其中矣。〈乾〉道變化，萬物通矣。六爻交通，至于六卦，陰陽相資、相返、相剋、

〔註43〕 參閱劉玉建著：《兩漢象數易學研究・京房易學・陰陽氣說》上冊（南寧：廣西教育出版社，1996年9月），頁253～263。

〔註44〕 引自〔三國〕陸績撰：《陸績京氏易傳》卷下【明嘉靖間范氏天一閣刊刻影印本】，收入嚴靈峯編輯：《無求備齋易經集成》第177冊（臺北：成文出版社，1976年），頁112。

〔註45〕 《京氏易傳》六十四卦的排列順序，不同於《周易》通行本，乃依其建構的「八宮卦序」，排序爲：〈乾〉、〈姤〉、〈遯〉、〈否〉、〈觀〉、〈剝〉、〈晉〉、〈大有〉、〈震〉、〈豫〉、〈解〉、〈恆〉、〈升〉、〈井〉、〈大過〉、〈隨〉、〈坎〉、〈節〉、〈屯〉、〈既濟〉、〈革〉、〈豐〉、〈明夷〉、〈師〉、〈艮〉、〈賁〉、〈大畜〉、〈損〉、〈睽〉、〈履〉、〈中孚〉、〈漸〉、〈坤〉、〈復〉、〈臨〉、〈泰〉、〈大壯〉、〈夬〉、〈需〉、〈比〉、〈巽〉、〈小畜〉、〈家人〉、〈益〉、〈无妄〉、〈噬嗑〉、〈頤〉、〈蠱〉、〈離〉、〈旅〉、〈鼎〉、〈未濟〉、〈蒙〉、〈渙〉、〈訟〉、〈同人〉、〈兌〉、〈困〉、〈萃〉、〈咸〉、〈蹇〉、〈謙〉、〈小過〉、〈歸妹〉。

〔註46〕 引自〔三國〕陸績撰：《陸績京氏易傳・剝》卷上【明嘉靖間范氏天一閣刊刻影印本】，收入嚴靈峯編輯：《無求備齋易經集成》第177冊（臺北：成文出版社，1976年），頁12～13。

〔註47〕 引自〔三國〕陸績撰：《陸績京氏易傳・晉》卷上【明嘉靖間范氏天一閣刊刻影印本】，收入嚴靈峯編輯：《無求備齋易經集成》第177冊（臺北：成文出版社，1976年），頁13。

相生。」〔註48〕陰、陽二氣的相互運作，主導了萬事、萬物的循環與規律，兩者相資、相返、相剋、相生皆有其用，二氣若能交感、統一，則天地和諧。

「陰陽的相互轉化」說明陰、陽兩者互相對立而彼此互補，故能相輔相成，陰極陽生，陽極陰生，如此週而復始、循環不已，《京氏易傳》多次強調此觀念，例如《京氏易傳‧遯》即出現「陰來陽退」、「陽消陰長」、「陰長陽消降入〈否〉」三句有關陰、陽消長之語〔註49〕，清楚表達陰、陽至極則相互轉化的規律，相同觀念亦可見於《京氏易傳‧井》〔註50〕、《京氏易傳‧師》〔註51〕、《京氏易傳‧坤》〔註52〕等等。

「陽尊陰卑」為《易傳》思想的一環，以陽爻為貴、為尊，以陰爻為賤、為卑，故陰爻應服從陽爻，京房只是在自己的易學脈絡中，再次體現、陳述《易傳》此項概念，例如《京氏易傳‧乾》：「陽為君，陰為臣。」〔註53〕指出陽、陰的上、下位階；《京氏易傳‧解》：「以陽為尊。」〔註54〕與《京氏易傳‧泰》：「陰居陽位，能順於陽。」〔註55〕說明陰爻必須尊崇、順應陽爻。

〔註48〕引自〔三國〕陸績撰：《陸績京氏易傳‧震》卷上【明嘉靖間范氏天一閣刊刻影印本】，收入嚴靈峯編輯：《無求備齋易經集成》第177冊（臺北：成文出版社，1976年），頁17。

〔註49〕引自〔三國〕陸績撰：《陸績京氏易傳‧遯》卷上【明嘉靖間范氏天一閣刊刻影印本】，收入嚴靈峯編輯：《無求備齋易經集成》第177冊（臺北：成文出版社，1976年），頁7～8。

〔註50〕《京氏易傳‧井》：「陰生陽消，陽生陰滅，二氣交互，萬物生焉。〈震〉至於〈井〉，陰陽代位，至極則反。」引自〔三國〕陸績撰：《陸績京氏易傳‧井》卷上【明嘉靖間范氏天一閣刊刻影印本】，收入嚴靈峯編輯：《無求備齋易經集成》第177冊（臺北：成文出版社，1976年），頁24。

〔註51〕《京氏易傳‧師》：「陰陽相盪，反至於極，則歸本。」引自〔三國〕陸績撰：《陸績京氏易傳‧師》卷上【明嘉靖間范氏天一閣刊刻影印本】，收入嚴靈峯編輯：《無求備齋易經集成》第177冊（臺北：成文出版社，1976年），頁39。

〔註52〕《京氏易傳‧坤》：「陰極則陽來，陰消則陽長。」引自〔三國〕陸績撰：《陸績京氏易傳‧坤》卷中【明嘉靖間范氏天一閣刊刻影印本】，收入嚴靈峯編輯：《無求備齋易經集成》第177冊（臺北：成文出版社，1976年），頁54。

〔註53〕引自〔三國〕陸績撰：《陸績京氏易傳‧乾》卷上【明嘉靖間范氏天一閣刊刻影印本】，收入嚴靈峯編輯：《無求備齋易經集成》第177冊（臺北：成文出版社，1976年），頁4。

〔註54〕引自〔三國〕陸績撰：《陸績京氏易傳‧解》卷上【明嘉靖間范氏天一閣刊刻影印本】，收入嚴靈峯編輯：《無求備齋易經集成》第177冊（臺北：成文出版社，1976年），頁20。

〔註55〕引自〔三國〕陸績撰：《陸績京氏易傳‧泰》卷中【明嘉靖間范氏天一閣刊刻影印本】，收入嚴靈峯編輯：《無求備齋易經集成》第177冊（臺北：成文出

二、援說實例

　　相對於孟喜之名，姚配中對京房及其《京氏易傳》的稱引數量就高出了許多。《周易姚氏學》明引京房及其易書的次數，應不少於十八次〔註56〕，其中大多數是援引其對「陰、陽氣說」的講述，例如《周易姚氏學・蒙・六四》的案語，下引《京氏易傳》曰：「陽實陰虛」〔註57〕，〈小畜〉下引：「《京氏傳》云：『〈小畜〉之義在於六四。』謂四陰，小也。」〔註58〕以陽爲實、爲大；以陰爲虛、爲小，充份體現了「陽尊陰卑」的觀念，〈序卦傳〉亦如是：

> 〈序卦傳〉：物不可以苟合而已，故受之以〈賁〉。〈賁〉者，飾也；致飾然後亨則盡矣，故受之以〈剝〉。〈剝〉者，剝也。
>
> 注：虞翻曰：分剛上，文柔，故飾。荀爽曰：極飾反素，文章敗，故爲〈剝〉。
>
> 案：……君子動其本，然後致其飾。致飾於外，中美盡矣，白賁之所以无咎也。……案：《京氏傳》云：「上九積陽素尚，全身遠害，貴其正道。」然則致飾而進，非正道明矣，謂徒致其飾也。〔註59〕

〈賁〉爲文飾、艷麗之卦，但上九卻能注重內涵，樸實質素，故爻辭爲「白賁，無咎。」《京氏易傳・賁》〔註60〕則稱上九積陽素尚，遠離陰爻之害，篤守正道，自能全身而退，表示陽爻能潔身自愛，故爲貴、故能正，而陰氣卻反成禍害。除了「陽尊陰卑」的觀念外，姚配中還援用了京氏易「陰陽氣說」

版社，1976年），頁59。

〔註56〕 此統計數字不包含陸績對《京氏易傳》的注解，純粹計算《京氏易傳》傳文本身。

〔註57〕 引自〔清〕姚配中撰：《周易姚氏學・蒙・六四》卷四【一經廬叢書本】，收入《續修四庫全書・經部・易類》第30冊（上海：上海古籍出版社，2002年3月），頁502。

〔註58〕 引自〔清〕姚配中撰：《周易姚氏學・小畜》卷五【一經廬叢書本】，收入《續修四庫全書・經部・易類》第30冊（上海：上海古籍出版社，2002年3月），頁513。

〔註59〕 引自〔清〕姚配中撰：《周易姚氏學・序卦傳》卷十六【一經廬叢書本】，收入《續修四庫全書・經部・易類》第30冊（上海：上海古籍出版社，2002年3月），頁681。

〔註60〕 參照〔三國〕陸績撰：《陸績京氏易傳・賁》卷上【明嘉靖間范氏天一閣刊刻影印本】，收入嚴靈峯編輯：《無求備齋易經集成》第177冊（臺北：成文出版社，1976年），頁42。

的另一項理說，見〈坤·上六〉：

〈坤·上六〉：龍戰於野，其血玄黃。

注：……干寶曰：〈乾〉體純剛，不堪陰盛，故曰「龍戰」。

案：龍陽謂伏〈乾〉。戰，言陰陽相薄也。陰極陽生，盛陰凝陽，陽
出不遂，故戰，所謂戰乎〈乾〉也。……《京氏易傳》云：「陰極則
陽來，陰消則陽長。衰則退，盛則戰。」〔註61〕

天地之道，物極必反，窮盡則變，《易傳》早已論述過這種自然平衡的概念，
從〈序卦傳〉中「物不可窮而變之」的規則〔註62〕，以及〈繫辭傳〉的「日
月相推而明生、寒暑相推而歲成」的道理〔註63〕即可知。陰、陽二氣亦然，《京
氏易傳》早已詳明陰、陽至極則相互轉化的易學法則，其《京氏易傳·夬》
曰：「柔道消，消不可極……陰之道不可終。」陸績注：「凡卦陰極陽生，陽
極陰生，生生之義。」〔註64〕《周易姚氏學·需·象傳》又引《京氏易傳》
云：「雲上於天，凝於陰，而待於陽，故曰〈需〉。需者，待也。」〔註65〕說
明陰氣凝結過後，必有陽氣生，故以〈需〉爲等待之義，亦屬同樣「陰極陽
生，陽極陰生」的易學法則。

第三節　考荀爽與《荀爽九家集注》之取象

尚秉和曰：「〈繫辭〉云：『聖人觀象繫辭。』是所有卦爻辭皆從象生也。而

〔註61〕引自〔清〕姚配中撰：《周易姚氏學·坤·上六》卷三【一經廬叢書本】，收
入《續修四庫全書·經部·易類》第 30 冊（上海：上海古籍出版社，2002 年
3 月），頁 489～490。

〔註62〕例如：「物不可終遯，而受之以〈大壯〉；物不可以終壯，故受之以〈晉〉。」
等變換之例。此句引自〔魏〕王弼、〔晉〕韓康伯注〔唐〕孔穎達等正義：《周
易正義·序卦傳》卷九，收入〔清〕阮元校勘：《十三經注疏》（臺北：藝文
印書館，2007 年 8 月），頁 188。

〔註63〕參閱〔魏〕王弼、〔晉〕韓康伯注〔唐〕孔穎達等正義：《周易正義·繫辭下
傳》卷八，收入〔清〕阮元校勘：《十三經注疏》（臺北：藝文印書館，2007
年 8 月），頁 169。

〔註64〕引自〔三國〕陸績撰：《陸績京氏易傳·夬》卷中【明嘉靖間范氏天一閣刊刻
影印本】，收入嚴靈峯編輯：《無求備齋易經集成》第 177 冊（臺北：成文出
版社，1976 年），頁 62～63。

〔註65〕引自〔清〕姚配中撰：《周易姚氏學·需·象傳》卷四【一經廬叢書本】，收
入《續修四庫全書·經部·易類》第 30 冊（上海：上海古籍出版社，2002 年
3 月），頁 502～503。

〈說卦〉之象，皆舉其綱領，使人類推，非謂象止於此也。」〔註66〕《周易》卦、爻辭是否皆由象出？此恐還有待商榷。尚氏之言雖有些太過，但由此可知《易》象對理解《周易》的重要性。漢、魏時期，易學家頻繁地據象解《易》，使得〈說卦傳〉所載的八卦之象往往不能滿足易學家們卜筮及解經之用。於是，易學家們開始博引、推衍、考證以〈說卦傳〉爲核心的《周易》經、傳，使《易》象數量大幅擴充〔註67〕，那些不見於〈說卦傳〉的《易》象，歷代易學家稱之「逸象」。然而，此一名義，恐不甚妥當，清儒陳壽熊便評判道：「按說《易》者所陳卦象，不見於〈說卦〉者，或據《易》推衍，或采他書相比附，豈《易》中本有其文，而今逸之哉？『逸象』之名殊未安。」〔註68〕此見甚爲精闢。然「逸象」一詞，由來久遠，其名義已成易學界共識，名雖未安，卻也積習難改，故暫時先依照前人的慣性用之。《周易姚氏學》在稱引荀爽之名與《荀九家》〔註69〕時，較常援用的象數易例，即是兩者所使用的《易》象，故於下文簡單描述。

一、荀氏與《荀爽九家集注》取象概述

　　荀爽，一名諝，字慈明，東漢潁川潁陰（今河南許昌）人，因遭黨錮之禍，隱於海上，十餘年以著述爲事，遂被稱爲碩儒，撰有《禮》、《易傳》、《詩傳》、《尚書正經》、《春秋條例》、《漢語》、《新書》等百餘篇文章，可惜到了南朝已多所亡佚。〔註70〕荀氏易學自成一家，其姪子荀悅曰：「孝桓帝時，故南郡太守馬融著《易》解，頗生異說，及臣悅叔父故司空爽著《易傳》，據爻象承應、陰陽變化之義，以十篇之文解說經意。由是兗豫之言易者，咸傳荀氏學。」〔註71〕十篇之文即是《十翼》，表示荀爽在注解《周易》時，乃先觀

〔註66〕引自尚秉和注：《焦氏易林注・例言三》卷首，收入張善文等校理：《尚氏易學存稿校理》第 2 卷上（北京：中國大百科全書出版社，2005 年 6 月），頁 4。
〔註67〕參閱林忠軍著：《象數易學發展史・東漢象數易學鼎盛・虞翻象數易學（下）》第 1 冊（濟南：齊魯書社，1994 年 7 月），頁 235。
〔註68〕引自〔清〕陳壽熊著：《讀易漢學私記》，收入〔清〕王先謙編〔民國〕王進祥重編：《重編本皇清經解續編》卷一千三百四十七，第 1 冊（臺北：漢京文化事業，1986 年），頁 641。
〔註69〕《周易姚氏學》簡稱《荀爽九家集注》爲《荀九家》。
〔註70〕參閱〔南朝宋〕范曄撰〔唐〕李賢等注：《後漢書・荀韓鍾陳列傳第五十二》卷六十二，收入《新校本廿五史・後漢書》第 4 冊（臺北：史學出版社，1974 年 5 月），頁 2056～2057。
〔註71〕引自〔漢〕荀悅撰：《前漢紀・前漢孝成皇帝紀二》卷二十五，下冊（臺北：華正書局，1974 年 7 月），頁 347。

察《易》象與陰陽升降變化之例，再援用《易傳》作解，是知荀氏相當重視「以象解《易》」。

《荀爽九家集注》一卷，魏晉時人所集，編纂者已不可考，書名之所以稱「荀爽九家」，大致有三種不同的說法，張善文先生已整理在《歷代易學要籍解題》中。〔註72〕由於《荀爽九家集注》包含三十一個〈說卦傳〉沒有記載的《易》象，因而備受後人矚目，此書亦成為後人援引「逸象」的重要參考依據。然而，不論是哪一種說法，都可知荀爽與《荀爽九家集注》的關係密切，若以象數易學觀點來看，兩者均多次使用《易》象，強調「以象解《易》」之法，故將兩者結合，一併介紹。

對於運用《易》象的方法上，荀爽並非直接取《易》象來注解，大多得經過一段象數易學的轉換機制，《易》象只是荀氏釋《易》的其中一個環節，而非全部。見《周易‧謙‧象傳》的「天道下濟而光明」一詞〔註73〕，荀爽《易》注：「〈乾〉來之〈坤〉，陰去為〈離〉，陽來成〈坎〉，日月之象，故光明也。」〔註74〕荀氏易學核心為「〈乾〉升〈坤〉降（又稱「陽升陰降」）」說〔註75〕，此處先用「〈乾〉升〈坤〉降」之例，使之成〈離〉、〈坎〉，再提出日、月《易》象來對應。此外，再看《周易‧賁‧六五》：「賁于丘園」一詞〔註

〔註72〕筆者將之簡化敘述：一、陸德明《經典釋文》認為此書匯集荀爽等九家易說，而以荀氏易為主幹，故書名以荀爽為代表；二、陳振孫《直齋書錄解題》揣測「九家」乃指漢代淮南王所聘請的九名易學家，而荀氏嘗集解此九人的易說，此書遂以集錄者荀爽為名；三、惠棟《易漢學》認為此書為魏晉之後的學者所撰，其說以荀爽易學為宗，旁徵其他諸家相輔成，故冠上荀爽之名。參閱張善文著：《歷代易學要籍解題‧三國至隋唐》卷二（臺北：頂淵文化事業，2006年2月），頁47～48。

〔註73〕引自〔魏〕王弼、〔晉〕韓康伯注〔唐〕孔穎達等正義：《周易正義‧謙‧象傳》卷二，收入〔清〕阮元校勘：《十三經注疏》（臺北：藝文印書館，2007年8月），頁47。

〔註74〕引自〔清〕黃奭編輯：《荀爽易言‧謙》，收入《黃氏逸書考》【民國十四年王鑒據懷荃室藏板修補本】第1冊（京都：中文出版社，1986年10月），頁73。

〔註75〕王新春先生解釋「〈乾〉升〈坤〉降」：〈乾‧九二〉陽爻，應當升至〈坤‧六五〉之位，而〈坤‧六五〉陰爻，則應降居〈乾‧九二〉之位。張濤先生則說明了其對荀氏易學的意義：「荀爽建構了一個以〈乾〉升〈坤〉降、陽升陰降為核心的獨具特色的易學體系。」參閱王新春：〈荀爽易學乾升坤降說的宇宙關懷與人文關切〉，《中國哲學史》2003年第4期，頁51；引自張濤：〈略論荀爽易學〉，《河南大學學報（社會科學版）》第39卷第3期（1995年5月），頁71。

〔註76〕引自〔魏〕王弼、〔晉〕韓康伯注〔唐〕孔穎達等正義：《周易正義‧賁‧六

76〕，荀爽注：「〈艮〉山〈震〉林，失其正位，在山林之閒，賁飾丘陵，以爲園圃，隱士之象也。」〔註77〕荀氏先用「互體」之例得出〈震〉，再取〈艮〉山、〈震〉林兩個《易》象往下解釋。至於荀爽蒐集的「逸象」，可參閱劉玉建先生在《兩漢象數易學研究》的整理，劉先生曾云：「荀氏所用逸象，多見之於《九家易》注及虞氏《易》注。」〔註78〕可見兩者以「逸象」解《易》的易學特質。

二、援說實例

〈說卦傳〉收錄的八卦《易》象共計一百四十三個〔註79〕，卻仍不夠易學家們使用，在漢代便已顯露出《易》象數量之不足。部份易學家認爲卦、爻辭與《易》象有某種程度的關聯性，於是拼命挖掘《周易》中隱含的《易》象，且發明新的《易》象〔註80〕，荀爽即爲此類的易學家，重視以象解《易》之法，有些引用〈說卦傳〉解釋，有些運用「逸象」解之。姚配中則多次擷取荀氏與《九家易注》的取象注《易》之說，下文分別從《周易姚氏學》裡挑出一個《易》象及一個「逸象」爲例子，簡單介紹姚氏對荀氏與《荀爽九家集注》取象的援用，見〈升・象傳〉：

　　〈象〉曰：地中生木，〈升〉：君子以順德，積小以高大。

　注：荀爽曰：地謂〈坤〉、木謂〈巽〉。地中生木，以微至著，〈升〉
　　　之象也。

　案：荀子曰：「積木成山，風雨興焉；積水成淵，蛟龍生焉；積善成
　　　德，而神明自得，聖心循焉。故不積蹞步，無以至千里；不積

五》卷三，收入〔清〕阮元校勘：《十三經注疏》（臺北：藝文印書館，2007年8月），頁63。

〔註77〕引自〔清〕黃奭編輯：《荀爽易言・賁・六五》，收入《黃氏逸書考》【民國十四年王鑒據懷荃室藏板修補本】第1冊（京都：中文出版社，1986年10月），頁76。

〔註78〕引自劉玉建著：《兩漢象數易學研究・荀爽易學・逸象》下冊（南寧：廣西教育出版社，1996年9月），頁576。

〔註79〕此數字爲筆者反覆驗算，且核對楊依純女士論文之結果。數字參照楊依純撰：《周易說卦傳思想研究・〈說卦傳〉思想內涵之三：豐富《周易》八卦取象》（高雄：國立高雄師範大學國文學系碩士論文，2000年6月），頁182。

〔註80〕此說法請參閱黃新根：〈卦象說初探〉，《周易研究》總第72期（2005年8月第4期），頁36。

小流，無以成江海。」〔註81〕

荀爽所謂的〈坤〉爲地、〈巽〉爲木，源自〈說卦傳〉，爲《周易》傳文原有的《易》象。荀氏只是將〈說卦傳〉與〈升・象傳〉二者連結，並把〈象傳〉所謂的「地中生木」，引申成「微至著升」之象。姚氏則接納「微至著升」之說，再引《荀子・勸學》〔註82〕爲證，使義理能更爲完滿。至於，「逸象」方面的例證，請看〈頤・象傳〉：

〈象〉曰：山下有雷，〈頤〉；君子以慎言語，節飲食。

注：……荀爽曰：「雷爲號令。今在山下閉藏，故慎言語；雷動於下，以陽食陰，〈艮〉以止之，故節飲食也。言出乎身，加乎民，故慎言語所以養人也，飲食不節，殘賊羣生，故節食以養物。」

案：《口訣義》引荀注云：「飲食失宜，患之所起。」〔註83〕

〈頤〉卦：下〈震〉上〈艮〉。〈震〉爲雷，荀氏又以「君子」爲大人，將之推演爲「號令」，故曰：「言出乎身，加乎民，故慎言語所以養人也。」爲君主發佈政令，安頓人民之意。此象非《周易》經、傳所載，是爲「逸象」，且不見於《九家易注》，可見於黃奭輯錄的《荀爽易言》。〔註84〕姚配中取「雷爲號令」之象，並搭配《周易口訣義》〔註85〕兩者來注解此則〈象傳〉。

第四節　考虞翻之象數易例

經過筆者的粗略計算，《周易姚氏學》稱引虞翻一名的次數，大約爲 570～590 次左右，數量十分驚人，故知姚氏在注解《周易》時，幾乎是片刻不離虞

〔註81〕引自〔清〕姚配中撰：《周易姚氏學・升・象傳》卷十一【一經廬叢書本】，收入《續修四庫全書・經部・易類》第 30 冊（上海：上海古籍出版社，2002年 3 月），頁 589～590。

〔註82〕參照〔清〕王先謙集解：《荀子集解・勸學篇第一》卷一（臺北：藝文印書館，1967 年 7 月），頁 17～18。

〔註83〕引自〔清〕姚配中撰：《周易姚氏學・頤・象傳》卷八【一經廬叢書本】，收入《續修四庫全書・經部・易類》第 30 冊（上海：上海古籍出版社，2002 年3 月），頁 550～551。

〔註84〕參照〔清〕黃奭編輯：《荀爽易言・頤・象傳》，收入《黃氏逸書考》【民國十四年王鑒據懷荃室藏板修補本】第 1 冊（京都：中文出版社，1986 年 10 月），頁 77。

〔註85〕參照〔唐〕史徵撰：《周易口訣義・頤卦》卷三【岱南閣叢書本】，收入《叢書集成初編》（北京：中華書局，1985 年），頁 32。

氏易說。畢竟，姚配中專攻漢易的入門書，即張惠言的《周易虞氏義》，故可知虞氏易實爲其治易之門徑。《周易姚氏學》一書中有不少對虞氏易學條例的歸納與評議，可謂姚配中鑽研虞氏易學的讀書整理與心得，例如〈蒙‧上九〉案語曰：「虞例：之、正爲變爻，互易亦爲變，故有一卦先言易位，後復云變。」〔註86〕統合出一部份虞氏「卦變」之常例，有時甚至能點出虞氏易例之所本，例如〈乾‧九二〉：「〈乾鑿度〉云：『初爲元士，二爲大夫，三爲三公，四爲諸侯，五爲天子，上爲宗廟。』凡此六者，陰陽所以進退、君臣所以升降、萬人所以爲象則也。荀、虞升降之例，俱本之，茲依用焉。」〔註87〕說明荀爽、虞翻的升降易例，俱源於〈乾鑿度〉，除了融通虞氏易之外，還能深考其學說之本源。

　　《周易姚氏學》援引諸多虞翻之言，且廣泛利用各項虞氏易例以解《易》，可見姚配中精熟於整個虞氏易學體系，並能在《周易姚氏學》中加以應用，而非只針對某項易例或易學理論。虞氏易學體大精博，易學條例複雜繁瑣，本文難以一一詳細探討，故僅挑選幾個較常在《周易姚氏學》出現，或較具獨特性的虞氏易例來介紹。

一、虞氏象數易例概述

　　虞翻，字仲翔，三國吳人，居會稽餘姚（今屬浙江），少好學，有高氣，尤精於易，依《易》設象，以占吉凶，嘗與孔融書，并示以所撰《易注》。當時名重天下的孔融閱畢，回虞氏道：「示所著《易傳》，自商瞿以來，舛錯多矣，去聖彌遠，眾說騁辭。曩聞延陵之理樂，今觀吾君之治易，知東南之美者，非但會稽之竹箭焉。又觀象雲物，察應寒溫，推本禍福，與神合契，可謂探賾旁通者已。」〔註88〕吳國大臣張紘又稱譽曰：「虞仲翔前頗爲論者所侵，美寶爲質，彫摩益光，不足以損。」〔註89〕是知虞氏在當代亦有相當的學術

〔註86〕引自〔清〕姚配中撰：《周易姚氏學‧蒙‧上九》卷四【一經盧叢書本】，收入《續修四庫全書‧經部‧易類》第 30 冊（上海：上海古籍出版社，2002 年 3 月），頁 502。

〔註87〕引自〔清〕姚配中撰：《周易姚氏學‧乾‧九二》卷一【一經盧叢書本】，收入《續修四庫全書‧經部‧易類》第 30 冊（上海：上海古籍出版社，2002 年 3 月），頁 466。

〔註88〕引自〔漢〕孔融：《孔北海集‧書‧答虞翻書》，收入〔清〕永瑢、紀昀等纂修：《景印文淵閣四庫全書‧集部二‧別集類》第 1063 冊（臺北：臺灣商務印書館，1986 年 3 月），頁 239～240。

〔註89〕引自〔晉〕陳壽撰〔宋〕裴松之注：《三國志‧吳書十二‧虞陸張駱陸吾朱傳

地位。

虞氏長於「半象」、「旁通」、「之正」、「卦變」等象數條例，爲兩漢象數易學的集大成者。近代研究虞氏易學的巨擘王新春先生曰：「虞氏易學的基本特色，自在其象數，尤其在其象學。嚴格依照『十翼』所開示的象數、易理合一不二，互詮互釋模式，以仔細契會、開掘和疏理《易》之象數（尤其是《易》象）爲主要手段而言《易》、註《易》和弘《易》，就是虞氏治易的基本路數。」〔註90〕認爲虞翻建構出來的象數易學架構，即是其易學的主要特色。

虞氏象數易學條例眾多而繁複，大致包括「卦氣」、「月體納甲」、「卦變」、「旁通」、「反象」、「兩象易」、「之正」、「權變」、「成〈既濟〉說」、「互體」、「半象」、「虞氏逸象」等等，各易例間或有相關，使得諸家歸類各異，難以整合，廖婉利女士《虞翻易學思想研究》將虞氏易學分爲：「以『卦變』〔註91〕爲方法拓展的虞氏象數學說體系」（探討「虞氏卦氣」、「虞氏卦變」、「虞氏旁通」、「虞氏動之正與成〈既濟〉定及權變」、「虞氏其他卦變」）以及「以『取象』爲目的架構的虞氏象數學說體系」（探討「虞氏月體納甲」、「虞氏互體、連互」、「虞氏反象」、「虞氏兩象易」、「虞氏半象」、「虞氏逸象」）兩大類〔註92〕，把「卦變」與「取象」當作分類主軸，這樣的分類法雖不細緻，卻能把歸類的錯誤與異議降到最低，放諸四海皆準。

二、援說實例

以下擇取《周易姚氏學》較常援用的四種虞氏象數易例來敘述，分別是「互體」、「半象」、「成〈既濟〉定」、「虞氏逸象」四者，每種易例各自列舉一個例子爲代表說明，雖無法完全涵蓋整本《周易姚氏學》對虞氏象數易例的援用，但應能由此略見姚配中對虞氏象數易學的應用情形。

第十二》卷五十七，第 5 冊（北京：中華書局，2007 年 5 月），頁 1320。

〔註90〕引自王新春撰：《周易虞氏學・上篇・集兩漢象數易學之大成的虞氏易學》上集（臺北：頂淵文化事業，1999 年 2 月），頁 61。

〔註91〕廖婉利女士：「此處的『卦變』，指的是廣義的『卦變』，即於釋卦過程中涉及運用卦爻變動來詮說者皆屬之。」參閱廖婉利：《虞翻易學思想研究・以「卦變」爲方法拓展的虞氏象數學說體系》（高雄：國立高雄師範大學國文學系碩士論文，2004 年 6 月），頁 31。

〔註92〕參閱廖婉利：《虞翻易學思想研究・目次》（高雄：國立高雄師範大學國文學系碩士論文，2004 年 6 月）。

（一）互體

屈萬里曰：「『互體』之說，濫觴於《左傳》，而成於京房。……鄭玄以後，已漸繁頤。下逮虞翻，類例滋紛。」〔註93〕《左傳·莊公·二十二年》：「周史有以《周易》見陳侯者，陳侯使筮之，遇〈觀〉之〈否〉，……〈坤〉，土也；〈巽〉，風也；〈乾〉，天也。風爲天於土上，山也。」杜預注云：「自二至四有〈艮〉象，〈艮〉爲山。」〔註94〕指出二爻、三爻、四爻互體〈艮〉。時至西漢，京房建構起明確的「互體」易例法則〔註95〕，《周易姚氏學》也有少數引述京房「互體」例說之處，譬如〈大畜·象傳〉：「京房曰：『謂二變五體〈坎〉。』案：二之五，化五陰爲陽。」〔註96〕即爲一例。東漢末年的鄭玄推衍其義，可用之例逐漸增加，直到虞翻大量運用「三爻互體」、「四爻互體」、「五爻互體」及「半象互體」來解釋《周易》，「互體」才得到完備且系統性的發展。〔註97〕茲介紹《周易姚氏學》引用虞氏「互體」的〈乾·象傳〉如下：

> 〈象〉曰：大哉乾元，萬物資始，乃統天，雲行雨施，品物流形。
>
> 注：虞翻曰：已成〈既濟〉，上〈坎〉爲雲，下〈坎〉爲雨。案：下互〈坎〉。〈坎〉，水在天爲雲，墜地稱雨。〔註98〕

從《周易姚氏學》的案語可知，姚配中將此段虞氏易引文解讀爲「互體」說。〈既濟〉爲〈離〉下〈坎〉上。二、三、四爻互體，成〈坎〉卦，再以之互〈離〉卦的初九與九三兩爻，化成三陽而爲〈乾〉。然而，此段經文亦可用「卦

〔註93〕 引自屈萬里著：《先秦漢魏易例述評·虞氏卦變》卷下（臺北：臺灣學生書局，1969 年 4 月），頁 127。

〔註94〕 引自〔晉〕杜預集解〔唐〕孔穎達等正義：《春秋左傳正義·莊公·二十二年》卷九，收入〔清〕阮元校勘：《十三經注疏》（臺北：藝文印書館，2007 年 8 月），頁 163～164。

〔註95〕 有關京房「互體」說之易學理論與例證，可參閱高懷民著：《兩漢易學史·前期占驗派象數易家·京房易》（桂林：廣西師範大學出版社，2007 年 7 月），頁 113～116。

〔註96〕 引自〔清〕姚配中撰：《周易姚氏學·大畜·象傳》卷八【一經盧叢書本】，收入《續修四庫全書·經部·易類》第 30 冊（上海：上海古籍出版社，2002 年 3 月），頁 548。

〔註97〕 虞翻四種「互體」易說（「三爻互體」、「四爻互體」、「五爻互體」、「半象互體」）的相關理論介紹與其例證，可參閱劉玉建著：《兩漢象數易學研究·虞翻易學·互體說》下冊（南寧：廣西教育出版社，1996 年 9 月），頁 664。

〔註98〕 引自〔清〕姚配中撰：《周易姚氏學·乾·象傳》卷一【一經盧叢書本】，收入《續修四庫全書·經部·易類》第 30 冊（上海：上海古籍出版社，2002 年 3 月），頁 470。

變」之說解釋，屈萬里在《先秦漢魏易例述評》中，將之重複歸入〈虞氏互體〉與〈虞氏卦變〉兩處〔註99〕，足見虞氏易例本身的矛盾與不確定性。

（二）半象

「半象」可以納爲「互體」的一種，京房易和《焦氏易林》都可能早已使用過相似的概念〔註100〕，但直到虞翻才具體提出「半象」一詞，並廣泛運用在其《易》注中，因而成爲虞氏易學的特色之一。「半象」徒見二爻畫而已，乃不完整之卦象，由於僅存二畫，故必須在二畫之上或之下自行加入陰爻或陽爻，形成一個完整的三畫卦象，如此一來，可以產生四種可能性，再依循注解者的主觀選用其中之一。此例可見〈賁・六五〉：

〈賁・六五〉：賁于丘園，束帛戔戔，吝，終吉。

注：虞翻曰：〈艮〉爲山，五半山，故稱丘。木果曰園。案：山下有火，

〈賁〉於丘園之象。〔註101〕

六五陰爻位居陽位，失位不正，應當變爲九五，則六四和九五形成「半象」，若以「半象」規則來說：此處六四爲陰、九五爲陽，便可在最上面添加陰爻，成〈坎〉，或添加陽爻，成〈巽〉；亦可在最下面添加陰爻，成〈艮〉，或添加陽爻，成〈離〉。〈賁〉之上卦爲〈艮〉，遂成半〈艮〉象。〈艮〉者爲山，由於半〈艮〉尚未成山，故僅能稱作丘。虞氏訂立「半象」的用意，在繁衍卦體，以便廣牽象數〔註102〕，利於自我詮釋，後遂成象數重要易例之一，《周易

〔註99〕 參閱屈萬里著：《先秦漢魏易例述評・虞氏互體、虞氏卦變》卷下（臺北：臺灣學生書局，1969 年 4 月），頁 127、137。

〔註100〕 劉玉建先生指出京房認爲〈未濟〉的最大特徵是陰陽二氣不交、不合，故企圖從〈歸妹〉中互體出〈未濟〉，因此取二、三爻爲半〈坎〉象，四、五爻爲半〈離〉象，終在〈歸妹〉之中互出〈未濟〉；廖婉利女士則認爲京房所使用的「飛伏」之說，其可見與隱伏的概念，或許啓發了虞翻的「半象」說。尚秉和認爲《焦氏易林》曾用〈賁〉初九與六二「半象」爲解，並舉〈同人之否〉和〈蹇之旅〉爲例證說明。請分別參閱劉玉建著：《兩漢象數易學研究・京房易學・互體說》上冊（南寧：廣西教育出版社，1996 年 9 月），頁 272～274；廖婉利撰：《虞翻易學思想研究・以「取象」爲目的架構的虞氏象數學說體系》（高雄：國立高雄師範大學國文學系碩士論文，2004 年 6 月），頁 181～182；尚秉和：《焦氏易詁・賁初九六二皆用半象》卷十（臺北：臺灣中華書局，1971 年 10 月），頁 156。

〔註101〕 引自〔清〕姚配中撰：《周易姚氏學・賁・六五》卷六【一經廬叢書本】，收入《續修四庫全書・經部・易類》第 30 冊（上海：上海古籍出版社，2002 年 3 月），頁 541。

〔註102〕 參閱屈萬里著：《先秦漢魏易例述評・半象》卷下（臺北：臺灣學生書局，1969

姚氏學》亦多以此解《易》。

（三）成〈既濟〉定

〈雜卦傳〉曰：「〈既濟〉，定也。」〔註103〕虞翻注：「濟成六爻，得位定也。」〔註104〕〈既濟〉六爻之陰陽各得正位，「成〈既濟〉定」就是把不正之爻變化，而使之正，將不正者轉換爲初陽、二陰、三陽、四陰、五陽、上陰，六爻均得正，爻位乃定。虞氏此項易例，主動去追求正體，實踐了曹元弼所謂：「六爻得位，復太極本體，不易之道，故定。」〔註105〕之境界，請見《周易虞氏學·履·九二》下注解的「成〈既濟〉定」說：

〈履·九二〉：履道坦坦，幽人貞吉。

注：虞翻曰：二失位，變成〈震〉，爲道、爲大塗，故履道坦坦。

案：二化得正，有禮則安，故履道坦坦。孔子曰：「君子坦蕩蕩。」幽人謂二伏陰之正，故幽人貞吉。幽，隱也。既云二化，又云二伏陰者，一陰一陽，六畫定位。凡卦之生，莫非〈乾〉、〈坤〉之交，即〈既濟〉也。但〈乾〉、〈坤〉交氣，不能無多少之偏，少則伏於內，不能盡發於外，故須爻化，所伏之氣乃發。〔註106〕

〈履〉爲〈兌〉下〈乾〉上，九二失位，應當變而之正，使之六爻正位，終成〈既濟〉。九二有隱伏之陰，伏於內，不能盡發於外，若能爻化，所伏之氣乃發，化而得正，變成〈震〉，爲道、爲大塗，故履道坦坦。虞氏注解此爻時，只云：「二失位，變成〈震〉。」語意稍嫌模糊，姚配中將之收入「成〈既濟〉定」的易例範疇，補上「二化得正」、「伏陰之正」等說，使虞氏之說更爲完

年 4 月），頁 130。

〔註103〕引自〔魏〕王弼、〔晉〕韓康伯注〔唐〕孔穎達等正義：《周易正義·雜卦傳》卷九，收入〔清〕阮元校勘：《十三經注疏》（臺北：藝文印書館，2007 年 8 月），頁 189。

〔註104〕引自〔清〕黃奭編輯：《虞翻易注·雜卦傳》，收入《黃氏逸書考》【民國十四年王鑒據懷荃室藏板修補本】第 1 冊（京都：中文出版社，1986 年 10 月），頁 267。

〔註105〕引自曹元弼撰：《周易集解補釋·雜卦傳》卷十七，收入林慶彰主編：《民國時期經學叢書（第一輯）》第 27 冊（臺中：文听閣圖書有限公司，2008 年 7 月），頁 2617。

〔註106〕引自〔清〕姚配中撰：《周易姚氏學·履·九二》卷五【一經廬叢書本】，收入《續修四庫全書·經部·易類》第 30 冊（上海：上海古籍出版社，2002 年 3 月），頁 516。

備。此一易例，爲「某卦將變成某卦」〔註107〕，使卦象產生變化，屬於廣義的「卦變」，但卻不能歸入狹義的「卦變」（某卦從某卦變來）範疇。〔註108〕

（四）虞氏逸象

惠棟嘗曰：「《荀九家》逸象三十有一，載見陸氏《釋文》，朱子采入《本義》。虞仲翔傳其家五世孟氏學，八卦取象十倍于《九家》。……以上取象，共三百三十一。」〔註109〕雖然各易學家在計算「逸象」數目時，會因爲認定標準、分類原則、人爲疏失等不同而產生殊異〔註110〕，但面對如此龐大的數量差距，不能不體認虞氏推衍的「逸象」數目與使用密度，應該是遠遠超過荀爽與《九家易注》。虞仲翔對「逸象」的運用，也多次被姚配中援用，例如注解〈噬嗑〉卦的卦辭時，虞氏就連續舉出〈坎〉、〈離〉、〈艮〉三卦的三種

〔註107〕 呂紹綱：「有人說虞翻的卦變還包括『成〈既濟〉定』和『〈震〉、〈巽〉特變』兩項內容，我則以爲不然。這兩項是説某卦將變成某卦，不宜視作卦變。卦變是説某卦自某卦變來。」引自呂紹綱：〈略説卦變〉，《中國文化月刊》總第192期（1995年10月），頁8。

〔註108〕 高懷民：「『卦變』一詞，就字面上的意義看，凡是卦象所生的變化，都應如此稱呼。……可是，這樣就失之於太廣泛而無歸屬，所以易家言卦變，限制了此名的含義，以『某卦從某卦變來』作解釋。」故筆者以「卦象所生的變化」爲廣義的「卦變」，而「某卦從某卦變來」爲狹義的「卦變」。引自高懷民著：《兩漢易學史·後期注經派數易家·虞翻易》（桂林：廣西師範大學出版社，2007年7月），頁143～144。

〔註109〕 引自〔清〕惠棟撰：《易漢學·虞氏逸象》卷三【據清光緒二十二年彙文軒刊本影印】，收入嚴靈峯編輯：《無求備齋易經集成》第119冊（臺北：成文出版社，1976年），頁84～92。

〔註110〕 惠棟《易漢學》輯錄「虞氏逸象」331種，張惠言《周易虞氏義》蒐輯456種，後學紀磊撰《虞氏逸象考正》及《虞氏逸象考正續纂》，增補惠、張二書之不足，方申的《虞氏逸象彙編》更是輯出「虞氏逸象」1287種，故知逸象的算法因人而異，難以有個標準、共識。以上數字參照〔清〕惠棟撰：《易漢學·虞氏逸象》卷三【清光緒二十二年彙文軒刊本】，收入嚴靈峯編輯：《無求備齋易經集成》第119冊（臺北：成文出版社，1976年），頁92；〔清〕張惠言撰：《周易虞氏義·説卦》卷九【清嘉慶八年阮氏琅嬛仙館刻本】，收入《續修四庫全書·經部·易類》第26冊（上海：上海古籍出版社，2002年3月），頁527～532。〔清〕方申撰：《方氏易學五書·虞氏易象彙編》卷二【清光緒十四年江陰南菁書院刻南菁書院叢書本】，收入《續修四庫全書·經部·易類》第30冊（上海：上海古籍出版社，2002年3月），頁16～28；〔清〕紀磊撰：《虞氏逸象考正》及《續纂》【民國十二年吳興劉氏嘉業堂刻吳興叢書本】，收入《續修四庫全書·經部·易類》第35冊（上海：上海古籍出版社，2002年3月），頁1～32。

逸象，而被仲虞引入己書之中。〔註111〕姚氏又常以「虞氏逸象」爲注，再搭配案語承接其意，見《周易姚氏學・觀・上九・象傳》：

〈象〉曰：觀其生，志未平也。

注：虞翻曰：〈坎〉爲志。案：未成〈既濟〉，故志未平。〔註112〕

姚配中順應虞氏「〈坎〉爲志」之語，說明〈觀〉卦（下〈坤〉上〈巽〉）上九陽爻未能化成陰爻，爻位不得正，〈巽〉無法轉爲〈坎〉，不成〈既濟〉，故〈坎〉志未平。由於〈說卦傳〉與其他《周易》經、傳的部分都未曾出現〈坎〉有「志象」之說，故知此爲虞氏逸象。再看〈睽・上九〉：

〈睽・上九〉：……先張之弧，後說之弧，匪寇婚媾，往遇雨則吉。

注：虞翻曰：〈坎〉爲弧，〈離〉爲矢，張弓之象也……。

案：疑三，故「先張之弧」，以爲寇也。三、上相應，故「後說之弧」。

三、上易位，〈坎〉、〈離〉不見，故說弧，乖離之卦。〔註113〕

虞翻釋〈坎〉有弓弧之象、〈離〉有箭矢之象，兩者相合，形如拉弓待射，故有張弓之象。《周易姚氏學》先引虞氏逸象來確立弓、矢、張弓之象，再以之爲釋。

第五節　考鄭玄之義理易學

　　姚配中在研究漢、魏眾多易說之後，認爲鄭玄易爲最優，只是苦其簡略，難解鄭氏本意。〔註114〕事實上，《周易姚氏學》對「鄭康成」〔註115〕的稱引

〔註111〕姚配中徵引虞翻曰：「〈坎〉爲獄、〈艮〉爲手、〈離〉爲明。」引自〔清〕姚配中撰：《周易姚氏學・噬嗑》卷七【一經廬叢書本】，收入《續修四庫全書・經部・易類》第 30 冊（上海：上海古籍出版社，2002 年 3 月），頁 538。

〔註112〕引自〔清〕姚配中撰：《周易姚氏學・觀・上九》卷七【一經廬叢書本】，收入《續修四庫全書・經部・易類》第 30 冊（上海：上海古籍出版社，2002 年 3 月），頁 538。

〔註113〕引自〔清〕姚配中撰：《周易姚氏學・睽・上九》卷十【一經廬叢書本】，收入《續修四庫全書・經部・易類》第 30 冊（上海：上海古籍出版社，2002 年 3 月），頁 574。

〔註114〕參閱〔清〕包世臣撰〔民國〕李星點校：《藝舟雙楫・附錄二・清故文學旌德姚君傳》卷八，收入《包世臣全集》（合肥：黃山書社，1994 年 5 月），頁 504。

〔註115〕清代因避清聖祖康熙（本名玄燁）之名諱，多不稱其名，而稱「鄭康成」，或稱「鄭君」、「鄭元」。參閱張舜徽著：《鄭學叢著・鄭學敘錄》，收入《張舜徽集》（武漢：華中師範大學出版社，2005 年 12 月），頁 4。

次數，應不超過二百次，甚至未達稱引虞翻數目的一半。如果只從稱引數量來看，恐怕會推測出姚氏宗主虞翻，而非鄭玄的錯誤結論，若是細心考察，即可知姚配中攝取了鄭氏易學的義理觀，例如「用九體〈乾〉」、「易三義」、「太極之說」等易學理論，以及其「以史事證《易》」、「以三禮說《易》」、「以《易緯》治易」等解《易》方式。柯劭忞〈《周易姚氏學》提要〉曰：「配中研究漢易，獨謂鄭君最優。……本鄭君家法，由卦象以求義理，一洗附會穿鑿之陋，至鄭君間取爻辰徵之星宿爲後人所駁斥者，配中悉皆刪去，一字不登，尤見擇善而從，不爲門戶之標榜，可謂善學鄭君者矣。」〔註116〕可知姚配中萃取鄭氏易學的精義，而除去受爭議的部份，擇善而從，多采鄭玄之義理易學理路來構築自己的易學體系，並取虞翻之象數易例作爲輔翼，由象數以求義理，發明鄭易不遺餘力。

一、鄭氏義理易學概述

鄭玄，字康成，東漢末年北海高密人（今屬山東安丘），年輕時爲地方官吏，卻不樂於爲官，遂造太學受業，師事京兆第五元先，始通京氏易、《春秋公羊》、《三統曆》、《九章算數》，又從東郡張恭祖受《周官》、《禮記》、《左氏春秋》等經書，後入關，師事扶風馬融，馬氏門徒多達四百餘人，鄭玄在門下三年不得見，卻也未嘗懈怠，日夜誦讀，學成辭歸，馬融喟然謂門人曰：「鄭生今去，吾道東矣。」〔註117〕鄭氏能通京房易數，又明費直以《十翼》解經之道，其易學於象數、義理兼顧，明人事、重義理〔註118〕，有師承而不墨守

〔註116〕引自中國科學院圖書館整理：《續修四庫全書總目提要【經部】·易類·《周易姚氏學》提要》上冊（北京：中華書局，1993年7月），頁106。

〔註117〕引自〔南朝宋〕范曄撰〔唐〕李賢等注：《後漢書·張曹鄭列傳第二十五》卷三十五，收入《新校本廿五史·後漢書》第3冊（臺北：史學出版社，1974年5月），頁1207。

〔註118〕林忠軍先生：「鄭玄易學在注重參天象的象數的同時，又注重含人事的義理。一方面他不能擺脫當時學術思潮的影響，由《易》之『觀象繫辭』推導出以象數治易的方法，進而誇大之，在《易傳》取象不足的情況下，極力地借助於爻辰、互體、爻體、五行等象參染以天文曆法數學爲主的自然知識注《易》。另一方面，他似乎也看到了自西漢以來專以象數治易存在的問題。《周易》繫辭除了觀象以外，還與當時的文字、社會風俗習慣、生產生活、歷史事件相關，這些以人事爲內容的易辭，單用象數的方法揭示其本義是不可能的，必須借助於人文知識和由人文所提供的方法加以詮釋。」引自林忠軍：〈讀鄭易管見〉，《周易研究》總第80期（2006年12月第6期），頁14。

家法，故能揉合諸家之長，集《周易》今、古文之大成。

在鄭玄結合其他學門以解《易》的範疇中，「以《易緯》治易」、「以三禮說《易》」、「以史事證《易》」三者最爲突出，可謂鄭氏義理易學的三大特徵。鄭玄年少時就已深通圖、緯之術，見《後漢書‧鄭玄傳》記載：「會融（馬融）集諸生考論圖緯，聞玄善籌，乃召見於樓上。」〔註119〕再看《世說新語》劉孝標注：「玄少好學書數……。年二十一，博極羣書，精歷數、圖、緯之言，兼精算術。」〔註120〕由此可知鄭康成對圖、緯的精熟程度。池田秀三先生撰有〈緯書鄭氏學研究序說〉，探討鄭氏初期到最晚期的著述，並推論道：《緯書》爲鄭康成學說的根基，在其學術與思想上具有巨大意義，甚至可以說：鄭氏易學是構築在《緯書》上的。〔註121〕《周易姚氏學》亦多次援用《易緯》之說，且配合鄭康成注，所使用者已非原始的《易緯》，而是鄭氏的「易緯學」。而《周易姚氏學》中，甚少援用鄭玄「以三禮說《易》」之法，非仲虞考鄭氏易學的主要特色，故不在此說明。「以史事證《易》」並非鄭氏首創，在其之前，早已普遍被易學界認可與廣泛使用，只是在鄭氏以前的易學家，以史事注解《易》的篇幅比例較少，在整本《易傳》或《易注》中顯得無關緊要，無法形成一項特色。鄭氏則大幅運用史事證《易》，而且還用殷商史事揭示《易》之本義，不論是在使用量或使用率上，皆明顯超過前代易學家，可謂史事易學的濫觴。〔註122〕下面便將姚配中援用的鄭氏「以史事證《易》」、「以《易緯》治易」兩種解《易》方式，並搭配鄭氏「易三義」、「用九體〈乾〉」兩項易學理論，一併舉例論述。

二、援說實例

以下便介紹《周易姚氏學》援用鄭康成的「易三義」、「用九體〈乾〉」、「以《易緯》治易」、「以史事證《易》」四項義理易學特點。筆者將每項特點各自

〔註119〕引自〔南朝宋〕范曄撰〔唐〕李賢等注：《後漢書‧張曹鄭列傳第二十五》卷三十五，收入《新校本廿五史‧後漢書》第 3 冊（臺北：史學出版社，1974年 5 月），頁 1207。

〔註120〕引自〔南朝宋〕劉義慶撰〔南朝梁〕劉孝標注〔民國〕徐震堮校箋：《世說新語校箋‧文學第四》卷上（臺北：文史哲出版社，1985 年 7 月），頁 103～104。

〔註121〕參閱〔日〕池田秀三作；洪春音譯：〈緯書鄭氏學研究序說〉，《書目季刊》第37 卷第 4 期（2004 年 3 月），頁 71。

〔註122〕參閱林忠軍：〈鄭玄與《周易注》‧重象數義理兼顧訓詁的易學方法〉，收入林忠軍主編：《歷代易學名著研究》上冊（濟南：齊魯書社，2008 年 5 月），頁205～206。

列舉一個例子爲代表說明，雖難以完全涵蓋整本《周易姚氏學》對鄭氏易學的援用，但應能由此窺探姚配中對鄭氏義理易學概念的吸取與應用。

（一）易三義

《易緯》曾就「易」的內涵，闡發「易」之意。〈乾鑿度〉曰：「易者，易也，變易也，不易也。」〔註123〕〈乾坤鑿度·乾鑿度〉曰：「易名有四義，本日月相銜，又易者，又易，易定。」〔註124〕林忠軍先生將此兩者合爲三義：一是生物之本原，「易」是德或道，無爲而生萬物；二是變易；三是不易或易定。〔註125〕林先生應是深入考察〈乾坤鑿度〉之內文而發此語，故又推導出「生物之本原」一條。否則，若僅歸納上述二段引文，恐怕只能得出「變易」、「不易（或易定）」兩義。鄭康成在此兩個《易緯》篇章的啓發下，撰有〈易贊、易論〉，內容如下：

> 「易」一名而函三義：易簡，一也；變易，二也；不易，三也。故
> 〈繫辭〉云：〈乾〉、〈坤〉其易之縕邪？又云：易之門戶邪？又云：
> 夫〈乾〉，確然示人易矣，夫〈坤〉，隤然示人簡矣。易則易知，簡
> 則易從，此言其易簡之法則也；又云：爲道也屢遷，變動不居，周
> 流六虛，上下无常，剛柔相易，不可爲典要，唯變所適，此言順時
> 變易，出入移動者也；又云：天尊地卑，〈乾〉、〈坤〉定矣，卑高以
> 陳，貴賤位矣，動靜有常，剛柔斷矣，此言其張設布列不易者也。
> 三義，而説易之道廣矣、大矣。〔註126〕

鄭氏於〈易贊、易論〉論述「易」之三義：於「變易」、「不易」之外，另立「易簡」一義。天地運行，萬物生成，自有其序，既易又簡，是謂「易簡」。鄭玄發明「易」之三義，於三義中窺見易道之廣大，成爲鄭氏易學的著名論點之一，姚配中於《周易姚氏學·定名》曾援用鄭玄「易三義」之說，筆者

〔註123〕引自〔漢〕鄭玄注：《周易乾鑿度》卷上，收錄於上海古籍出版社編：《緯書集成》上冊（上海：上海古籍出版社，1994年6月），頁44。

〔註124〕引自《乾坤鑿度·乾鑿度·象成數生》卷上，收錄於上海古籍出版社編：《緯書集成》上冊（上海：上海古籍出版社，1994年6月），頁11。

〔註125〕參閱林忠軍：〈鄭玄與《周易注》·易之三義〉，收錄於林忠軍主編：《歷代易學名著研究》上冊（濟南：齊魯書社，2008年5月），頁138。

〔註126〕引自〔漢〕鄭玄注〔宋〕王應麟輯〔清〕丁杰、張惠言等校訂：《周易鄭注·易贊易論》【湖海樓叢書影印本】，收入《叢書集成初編》（北京：中華書局，1985年），頁139。

摘錄一段於下：

> 易者，易也，變易也，不易也。六十四卦皆兼三義，禮義之經，權
> 陰陽之消息也。〈乾鑿度〉云：「易者，易也，變易也，不易也。」鄭《易贊》
> 及《易論》依之。……又案：《禮記疏》引鄭《六藝論》：「易者陰陽之象。」義與
> 秘書說同。「易」兼三義，三義之著，莫過日月，長短、分至、弦望、晦朔兼三義，
> 懸象著明，莫大乎此矣。以〈乾〉、〈坤〉爲首者，陰陽之元也。〔註127〕

姚配中以〈乾鑿度〉開其端，認爲「易者，『易』也」，即是「易簡」之意，
與鄭氏「易三義」同，便直接以「易三義」爲說，認爲易道蘊涵三義，爲陰
陽之象。此段處處以鄭康成學說爲證，《周易姚氏學》宗主鄭氏易之傾向，由
此可見一斑。

（二）用九體〈乾〉

《易緯・周易乾鑿度》：「易一元，以爲元紀。」鄭玄注：「天地之元，萬
物所紀。」〔註128〕漢代的《緯書》中，早有「易一元」之詞。〈乾鑿
度〉又嘗云：「太初者，氣之始也。」鄭玄注：「元氣之所本始。」〔註129〕此處〈乾鑿
度〉已未提及「元」，而鄭玄則將太初之氣名曰「元氣」，爲易所謂「乾元」〔註
130〕，自行由《易緯》中開展出「易中之元」的概念，故知鄭玄的「易元」理
論，實淵源自《易緯》。然而，鄭玄未致力發展此說，反而是到了清代的姚配
中才藉著鄭氏的基礎，正式建構出一套「易元」體系。而姚配中的「易元」
體系發端，即在鄭氏「用九體〈乾〉」一說，見〈乾・用九〉：

> 〈乾・用九〉：見羣龍无首，吉。

> 注：鄭康成曰：六爻皆體〈乾〉，羣龍之象也。舜既受禪，禹與稷、
> 契、咎繇之屬，竝在於朝。

> 案：用九，乾元用九也。陽爻爲九，元則用之，故見羣龍无首。謂

〔註127〕引自〔清〕姚配中撰：《周易姚氏學・序・定名》卷首【一經盧叢書本】，收
入《續修四庫全書・經部・易類》第 30 冊（上海：上海古籍出版社，2002
年 3 月），頁 462～463。

〔註128〕引自〔漢〕鄭玄注：《周易乾鑿度》卷上，收錄於上海古籍出版社編：《緯書
集成》上冊（上海：上海古籍出版社，1994 年 6 月），頁 44。

〔註129〕引自〔漢〕鄭玄注：《周易乾鑿度》卷上，收錄於上海古籍出版社編：《緯書
集成》上冊（上海：上海古籍出版社，1994 年 6 月），頁 46。

〔註130〕參閱胡自逢著：《周易鄭氏學・鄭氏易學之淵源・鄭易源於緯書考》（臺北：
文史哲出版社，1990 年 7 月），頁 139。

　　　　六爻爲乾元所用，不爲乾元之首，乾元亦不自用，而用六龍，

　　　　所謂乾元用九，乃見天則。四時者，天之用，非即天；六龍者，

　　　　乾元之用，非即乾元。聖人作《易》，託乾元之位於五，故曰與

　　　　天地合德、日月合明、四時合序、鬼神合吉凶。〔註131〕

若將此段與《周易姚氏學・贊元》之語相對應：「鄭氏〈用九〉注云：『六爻皆體〈乾〉，羣龍之象也。舜既受禪，禹與稷、契、咎繇之屬竝在於朝。』是鄭氏以六爻爲禹、稷諸人，而舜則〈用九〉者，不在六爻之數，所謂乾元也。」〔註132〕可知姚配中將鄭康成的〈用九〉轉化爲「乾元」，再以此展開論述：乾元用九，不自用，而用六龍，乾元之用，非即乾元，由此可見天則。鄭康成「用九體〈乾〉」一說，並非鄭玄易之主要特色，鄭氏也未特意強調此說，但因其對《周易姚氏學》影響甚鉅，故特別介紹此說。

（三）以史事證《易》

　　正如前文所述，鄭玄《易》注中，以古史事件以釋《易》的條例層出不窮，例如《周易・坤・六五》：「黃裳，元吉。」〔註133〕鄭氏《易》注：「如舜試天子，周公攝政。」〔註134〕；《周易・否・九五》：「休否，大人吉。其亡其亡，繫于苞桑。」〔註135〕鄭氏《易》注：「猶紂囚文王於羑里之獄，四臣獻珍異之物，而終免于難，繫于苞桑之謂。」〔註136〕；《周易・大有》：「元亨。」

〔註131〕引自〔清〕姚配中撰：《周易姚氏學・乾・用九》卷一【一經廬叢書本】，收入《續修四庫全書・經部・易類》第 30 冊（上海：上海古籍出版社，2002年 3 月），頁 467～468。

〔註132〕引自〔清〕姚配中撰：《周易姚氏學・序・贊元》卷首【一經廬叢書本】，收入《續修四庫全書・經部・易類》第 30 冊（上海：上海古籍出版社，2002年 3 月），頁 454。

〔註133〕引自〔魏〕王弼、〔晉〕韓康伯注〔唐〕孔穎達等正義：《周易正義・坤・六五》卷一，收入〔清〕阮元校勘：《十三經注疏》（臺北：藝文印書館，2007年 8 月），頁 20。

〔註134〕引自〔漢〕鄭玄注〔宋〕王應麟輯〔清〕丁杰、張惠言等校訂：《周易鄭注・坤・六五》卷一【湖海樓叢書影印本】，收入《叢書集成初編》（北京：中華書局，1985 年），頁 3。

〔註135〕引自〔魏〕王弼、〔晉〕韓康伯注〔唐〕孔穎達等正義：《周易正義・否・九五》卷二，收入〔清〕阮元校勘：《十三經注疏》（臺北：藝文印書館，2007年 8 月），頁 44。

〔註136〕引自〔漢〕鄭玄注〔宋〕王應麟輯〔清〕丁杰、張惠言等校訂：《周易鄭注・否・九五》卷二【湖海樓叢書影印本】，收入《叢書集成初編》（北京：中華書局，1985 年），頁 17。

〔註137〕鄭氏《易》注：「六五體〈離〉，處〈乾〉之上，猶大臣有聖明之德，代君爲政，處其位。……若周公攝政，朝諸侯于明堂，是也。」〔註138〕可見鄭氏注《易》時，會以舜、文王、周公等古代歷史人物、事件相佐證，將《周易》與人事相連，此爲鄭氏義理易學的一大特色。《周易姚氏學》在稱引鄭康成易學時，亦多所援用此道，見〈乾‧上九〉：

〈乾‧上九〉：亢龍有悔。

注：鄭康成曰：堯之末年，四凶在朝，是以有悔，未大凶也。見孔疏。

案：〈傳〉稱无位、无民，而鄭以堯爲說者。尊位之居，有聖有非聖。〈王莽傳贊〉：「炕龍絕氣。」服虔云：「《易》曰：『亢龍有悔。』謂无德而居高位也。」此以非聖居之爲義。……虞翻〈繫辭傳〉注云：「文王居三，紂亢極上」義同鄭。……高

誘注云：「仁君動極在上，故有悔也。」其意大旨與鄭同。〔註139〕

亢龍本因過盛、過極，而有悔。爻辭只言有悔，而未言有凶。鄭玄以帝堯末年之史事爲例，說明當時四凶在朝，堯雖聖德，然因四凶居高位，一時無法剷除，僅能控制，故雖悔而未有禍害。姚配中以鄭玄這段「史事易說」爲開端，於下又引諸家之說來對應鄭氏之說，稍可見姚氏對其易學之傾心。

（四）以《易緯》治易

前文已述，鄭玄對於《緯書》十分精熟，甚至注有〈稽覽圖〉、〈乾鑿度〉、〈坤靈圖〉、〈通卦驗〉、〈是類謀〉、〈辨終備〉六種《易緯》。〔註140〕鄭玄的

〔註137〕引自〔魏〕王弼、〔晉〕韓康伯注〔唐〕孔穎達等正義：《周易正義‧大有》卷二，收入〔清〕阮元校勘：《十三經注疏》（臺北：藝文印書館，2007 年 8 月），頁 46。

〔註138〕引自〔漢〕鄭玄注〔宋〕王應麟輯〔清〕丁杰、張惠言等校訂：《周易鄭注‧大有》卷二【湖海樓叢書影印本】，收入《叢書集成初編》（北京：中華書局，1985 年），頁 19。

〔註139〕引自〔清〕姚配中撰：《周易姚氏學‧乾‧上九》卷一【一經盧叢書本】，收入《續修四庫全書‧經部‧易類》第 30 冊（上海：上海古籍出版社，2002 年 3 月），頁 467。

〔註140〕《易緯》除了上述鄭氏注解的六種之外，應還有〈乾坤鑿度〉和〈易緯乾元序制記〉兩種，合計八種，皆被收錄於《四庫全書‧經部‧易類》。〈乾坤鑿度〉未被冠上鄭康成注解之名，〈易緯乾元序制記〉爲唐、宋間人附益之書，古《緯》並無此篇，鄭玄生處東漢，不可能爲之注解，有關〈易緯乾元序制記〉乃後代所出之論述，請參閱〔清〕紀昀等撰：《欽定四庫全書總目‧經部‧易類六》卷六，第 1 冊（臺北：藝文印書館，2004 年 10 月），頁 165～166。

「易三義」說，根源於《易緯》；鄭氏易學，亦建築在《緯書》之上，其中又以〈乾鑿度〉最常被鄭玄拿來與易學對照，例如：《易緯・周易乾鑿度》有云：「視之不見，聽之不聞，循之不得，故曰易也，易無形畔。」鄭玄注：「此明太易無形之時，虛豁寂寞，不可以視、聽、尋。〈繫辭〉曰：『易無體』，此之謂也。」〔註141〕可見鄭玄以〈乾鑿度〉之言闡明「太易」之義，藉著《易緯》來架構《周易》之形上學。鄭氏另有其他以《易緯》注解《周易》經文之處，如用〈乾鑿度〉注〈泰〉、取〈稽覽圖〉注〈復〉、以〈乾鑿度〉注〈損〉等。〔註142〕《周易姚氏學》所稱引的鄭氏易說，亦多見《易緯》之痕跡，如〈贊元〉：

> 〈乾鑿度〉云：「一變而為七，七變而為九。九者，氣變之究也。」
> 又云：「陽動而進，陰動而退，故陽以七、陰以八為象。陽動而進，
> 變七之九，象其氣之息也；陰動而退，變八之六，象其氣之消也。」
> 鄭注云：「象者，爻之不變動者。九六，爻之變動者。」一變而為七，
> 是今陽爻之象。七變而為九，是今陽爻之變；八變而為六，是今陰
> 爻之變。二變而為八，是今陰爻之象。然則畫者七八，由七八而變
> 為九六，是之謂變。〔註143〕

〈乾鑿度〉先指出「變七之九」與「變八之六」為氣之消、息。鄭氏注解說明：七、八為「象」，為爻之不變動者；九、六則為爻之變動者。姚配中則在這層基礎上，做出更明確的分析：七為陽爻之象，變而為九，是陽爻之變；八為陰爻之象，變而為六，是陰爻之變。對鄭氏《易緯》學，做了進一步的闡述與發揚。

第六節　結　語

從本章可以看出，《周易姚氏學》中至少運用了「訓詁」、「陰陽氣說」、「取

〔註141〕引自〔漢〕鄭玄注：《周易乾鑿度》卷上，收錄於上海古籍出版社編：《緯書集成》上冊（上海：上海古籍出版社，1994年6月），頁46。

〔註142〕以上三例可見於胡自逢先生之論述。參閱胡自逢著：《周易鄭氏學・鄭氏易學之淵源・鄭易源於緯書考》（臺北：文史哲出版社，1990年7月），頁137～139。

〔註143〕引自〔清〕姚配中撰：《周易姚氏學・序・贊元》卷首【一經盧叢書本】，收入《續修四庫全書・經部・易類》第30冊（上海：上海古籍出版社，2002年3月），頁455。

象」、「互體」、「半象」、「成〈既濟〉定」、「易三義」、「用九體〈乾〉」、「以史事證《易》」、「以《易緯》治易」等十種方法來解釋《易經》。在輯佚事業蓬勃發展的環境下，生處嘉慶、道光年間的姚配中，可參閱的易學書籍、可取法的易學家實多如牛毛，姚氏從前人身上學得的釋《易》方式，絕不只這十種，本章只是萃取出《周易姚氏學》稱引次數較多的五名漢、魏易學家，再觀察姚配中對他們學說的主要援用部份，最後得出這十種方法。

《子夏易傳》與孟喜可謂諸家易學之元祖，其所記載的《周易》經文與注釋，去古未遠，保留早期《周易》的樣貌，姚配中能注意到孟氏易學的文字訓詁價值，而不只是在其「卦氣說」上打轉，堪稱難得。姚氏對陰、陽的認知與概念，亦頗受京房「陰陽氣說」之啟發，《周易姚氏學》便曾援用其中「陽尊陰卑」、「陰極陽生、陽極陰生」兩理論。姚配中考索荀爽與虞翻兩家易學的最大共通點為「取象」，乃因姚氏認為：象為《易》卦之始，六爻亦均自象來〔註144〕，故尤其著重《易》象（包含〈說卦傳〉之象與「逸象」）的使用，這也是《周易姚氏學》多次援引荀爽易學與《荀爽九家集注》的最主要因素。

虞翻易學為姚氏治易之入門，鄭玄易學為姚氏所宗主，這兩人的易學都對姚配中影響至深。然而，姚氏分別在虞氏易與鄭氏易兩家學說中學得了什麼？筆者在考察《周易姚氏學》對兩人學說之援用狀況時，發現了「象數」與「義理」的差別。在稱引數目上，虞氏被援用的次數竟然多達五百餘次，足見《周易姚氏學》對虞氏易學的高度倚賴，而姚氏對虞仲翔易學的援用，幾乎都在於其象數易例，是知姚配中把虞氏易學作為解《易》的主力工具，因而大量援用虞氏易說。鄭康成易則灌輸姚配中「易三義」、「用九體〈乾〉」、「以《易緯》治易」等諸多易理觀念，對姚配中的易學思想多有啟發，屬於概念性、哲學性、形而上的義理之說。因此，《周易姚氏學》在援用鄭氏《易》注時，自然會多採納其義理易學。

〔註144〕由《周易姚氏學》對〈彖傳〉的定義：「文王卦辭謂之彖，孔子為傳以釋之。稱『彖曰』者，申彖意也。……卦辭本无彖名，孔子名之為彖，而卦辭遂得彖名，彖爻類此。……彖者，才也，言乎彖者也。才，始也，彖始著為卦也。」以及對〈象傳〉的定義：「象者，像也，六畫所以象形容物宜也。〈孔子象傳〉先言畫，後釋爻，爻由象來，故通謂之象，六畫之變象也。」即可知姚配中對「象」的看法。引自〔清〕姚配中撰：《周易姚氏學‧乾‧彖傳、象傳》卷一【一經盧叢書本】，收入《續修四庫全書‧經部‧易類》第30冊（上海：上海古籍出版社，2002年3月），頁470、472。

第七章　《周易姚氏學》之易學特色

　　《周易姚氏學》為姚配中最具代表性的易學著作，故姚氏在此書中展現的種種特點，幾乎可等同於姚氏本身的易學特色。本研究第五章介紹「《周易姚氏學》博引群籍眾說以釋易」，藉著梳理《周易姚氏學》中所援引的諸多古籍，以了解姚氏從先賢身上汲取的養分，進而歸納出其治學之傾向，但「博引群籍」畢竟只是一種研究方法，被歷代經學家廣泛使用，並在漢學派手上發揮到極致，實不能算是一項個人學術特長；而第六章「《周易姚氏學》考索漢、魏易家之長」，探討姚配中對漢、魏易學家的爬梳，由此窺見姚氏對漢、魏易說與象數理則的見解，也可從中得知姚氏運用象數易例注釋《周易》的情形。雖然嘉、道時期的漢學風氣已不如乾、嘉年間盛行，但偏重漢易與象數的學者，仍不在少數，且姚氏的漢易傾向與研究方法，受惠棟及張惠言影響甚大，繼承性較強，鮮少能見個人特質。因此，筆者遂將自己的閱讀心得，與曹元弼、尚秉和等名家之說互相統合，歸納出三項姚氏易學的個人特色：「對易元的繼承與發明」、「訓釋文字以融入象數體系」、「會通〈月令〉與《周易》」，本章便就此三者分述之。

第一節　對易元的繼承與發明

　　姚配中易學的最大特色與價值，即在於「易元」理論的建構與闡發，姚氏於《周易姚氏學・卷首自序》便已揭開主旨曰：「元者，易之原也。」〔註1〕

〔註 1〕引自〔清〕姚配中撰：《周易姚氏學・卷首自序》【一經廬叢書本】，收入《續修四庫全書・經部・易類》第 30 冊（上海：上海古籍出版社，2002 年 3 月），

指出「元」乃易之本原，並以此成立了一套易學體系，可惜當時張惠言《周易虞氏義》仍廣爲盛行，市場上幾無《周易姚氏學》可介入的空間，因此未能大行〔註2〕，光緒年間的張壽榮可謂其後代知音，曾於《易學闡元・跋》曰：

> 易中之「元」，自宣聖發之，漢儒明之，我朝東吳惠氏、武進張氏述之，已可得其端倪矣。嘉、道以來，旌德姚君仲虞著《易》學，復爲大暢其說，於卷首即列〈贊元〉、〈釋數〉、〈定名〉三篇以闡發《易》中微言精義，而一歸於「元」。……明元之義，說甚塙鑿精深，有禪學者不淺。〔註3〕

從孔子《易傳》開始有「易元」之說，漢代易學家能承繼並發明夫子之言〔註4〕，之後便慢慢沉寂，很少再被人提起，至清代惠棟《周易述》、張惠言《周易虞氏義》兩書才又開始回溯漢人「易元」之說，讓後代學者稍可窺得「易元」大義。直到嘉慶、道光年間的姚配中撰寫《周易姚氏學》，以「易元」爲宗，闡發易中微言精義，而皆歸於「元」，「易元」理論才又顯現於世。

　　張壽榮將「易元論」的學術脈絡說明得頗爲詳細，由此觀之，姚配中的「易元論」，實有一番繼承與開創的歷程，此處將簡述其源流。本節分爲兩個小節，第一小節首先探究姚配中之前的學者對「元」之觀點；第二小節論述姚配中在《周易姚氏學》中對「易元」的種種說法，並試著深入姚氏易學之堂奧，找出其易學體系的模型。

一、汲取先賢之「元」論

　　本小節擬從《易傳》所述及的「易元」開始探討，接續爬梳漢、魏、唐代易類（包含漢代盛行的《易緯》）或《春秋》類書籍對「元」的討論，最後試著找出清儒惠棟、張惠言兩人重新開啓的「易元」學說。企盼在經過這樣階層性的整理後，較能清楚看出姚配中「易元論」與前人「易元論」的傳承關係。

頁 453。

〔註2〕 參閱〔清〕包世臣撰〔民國〕李星點校：《藝舟雙楫・附錄二・清故文學旌德姚君傳》卷八，收入《包世臣全集》（合肥：黃山書社，1994 年 5 月），頁 504。

〔註3〕 引自〔清〕姚配中撰：《姚氏易斅闡元・張壽榮跋》【花雨樓叢抄本】，收入《續修四庫全書・經部・易類》第 31 冊（上海：上海古籍出版社，2002 年 3 月），頁 12。

〔註4〕 李鼎祚《周易集解》即收錄多則荀爽、鄭玄、虞翻等漢代易學家對「易元」的論述。

（一）《易傳》之「元」論

《周易・乾》卦辭曰：「元亨利貞。」此四字在《周易》經文中凡七見，分別位於〈乾〉、〈坤〉、〈屯〉、〈隨〉、〈臨〉、〈无妄〉、〈革〉七個卦。〈乾・文言傳〉將此四字命名爲「四德」，並闡釋道：

> 元者，善之長也；亨者，嘉之會也；利者，義之和也；貞者，事之幹也。君子體仁，足以長人；嘉會，足以合禮；利物，足以和義；貞固，足以幹事。君子行此四德者，故曰：「〈乾〉，元亨利貞。」〔註5〕

〈文言傳〉將「元亨利貞」四字稱作「四德」，後世遂沿用之。宋代程頤《伊川易傳》曰：「惟〈乾〉、〈坤〉有此四德，在他卦則隨事而變焉。故元專爲善大，利主於正固，亨貞之體，各稱其事。四德之義，廣矣、大矣。」〔註6〕是知〈乾〉、〈坤〉四德所謂的「元」，代表廣、大、長之意，且蘊含仁、善等正向價值，程氏表示：只有〈乾〉、〈坤〉有此四德，其它也有「元亨利貞」的五個卦（包含〈屯〉、〈隨〉、〈臨〉、〈无妄〉、〈革〉）乃隨事而變，黃師忠天則進一步說明：「除〈乾〉、〈坤〉兩卦外，他卦卦辭的元亨，通常指該卦有大通之象，而利貞有固守正道之意。」〔註7〕由此可知，〈乾〉、〈坤〉二卦的「元亨利貞」應是較爲特殊的，再看方中士先生《周易元亨利貞四德說研究》對《周易》卦、爻辭中「元」字的歸納：

> 元之義爲「大」。此高、蒙二氏（筆者按：指近人高亨以及蒙傳銘）所共許。在《周易》經文中，元字無獨立爲句者，凡有元字必增文於下，其例有四：（一）元吉，（二）元亨，（三）元夫，（四）元永貞。……而元字皆作「大」解。〔註8〕

方先生整理了《周易》經文中的「元」字，得出四項凡例，並表明這四組「元」字的語詞，皆作「大」解。方先生考察過《周易》經文後，又再探討《易傳》

〔註5〕 引自〔魏〕王弼、〔晉〕韓康伯注〔唐〕孔穎達等正義：《周易正義・乾・文言傳》卷一，收入〔清〕阮元校勘：《十三經注疏》（臺北：藝文印書館，2007年8月），頁12。

〔註6〕 引自〔宋〕程頤著：《周易程氏傳・乾》卷一，收入〔宋〕程顥、程頤著〔民國〕王孝魚點校：《二程集》下冊（北京：中華書局，2008年7月），頁695。

〔註7〕 引自黃師忠天著：《周易程傳註評・屯》卷一（高雄：復文圖書出版社，2006年3月），頁38。

〔註8〕 引自方中士：《周易元亨利貞四德說研究・周易經傳中之元亨利貞字義・周易經中之『元亨利貞字義』》（高雄：國立高雄師範大學國文研究所碩士論文，1987年5月），頁123。

之「元」，得出結論曰：

> 就以上所引，知《易傳》中除〈乾・文言〉及〈乾・象傳〉可以「善
> 之長」訓「元」外，其他皆以「大」訓「元」，且無有獨立爲一德者，
> 只是「元吉」之「元」。〔註9〕

方先生言《易傳》除〈乾・文言傳〉及〈乾・象傳〉外，其他皆以「大」訓「元」。
此論筆者大致上認同，但美中不足的是，方先生的論點忽略了與〈乾・象傳〉：
「大哉乾元，萬物資始。」〔註10〕相對應的〈坤・象傳〉：「至哉坤元，萬物資
生。」〔註11〕此處的「坤『元』」，應比照「乾『元』」，以「善之長」訓之。

　　同樣見於〈乾・文言傳〉：「〈乾〉：元（亨）〔註12〕者，始而亨者也；利
貞者，性情也。」〔註13〕此處的「元」（不論後面有無「亨」字），確實可以
用「善之長」來解釋。「善之長」意味著眾善的根源與肇端，《子夏易傳》據
此解釋「元亨利貞」曰：「元，始也；亨，通也；利，和也；貞，正也。」〔註
14〕值得注意的是，《子夏易傳》釋「元」爲「始」，實已脫去了「善」之涵義，
成爲廣義的本源、初始之意，而不挾帶仁、善等正向價值。《子夏易傳》爲諸

〔註9〕　引自方中士：《周易元亨利貞四德說研究・周易經傳中之元亨利貞字義・易傳
中之『元亨利貞』字義》（高雄：國立高雄師範大學國文研究所碩士論文，1987
年5月），頁151。

〔註10〕引自〔魏〕王弼、〔晉〕韓康伯注〔唐〕孔穎達等正義：《周易正義・乾・象
傳》卷一，收入〔清〕阮元校勘：《十三經注疏》（臺北：藝文印書館，2007
年8月），頁10。

〔註11〕引自〔魏〕王弼、〔晉〕韓康伯注〔唐〕孔穎達等正義：《周易正義・坤・象
傳》卷一，收入〔清〕阮元校勘：《十三經注疏》（臺北：藝文印書館，2007
年8月），頁18。

〔註12〕清人王引之認爲此段「乾元」下脫「亨」字，曾於《經義述聞》曰：「〈乾・
文言〉：『乾元者，始而亨者也。』乾元下亦當有亨字，《傳》先舉經文亨字而
後解之。……王弼〈乾・文言〉注曰：『不爲乾元，何能通物之始？』是故始
而亨者，必乾元也。則魏時，乾元下已脫亨字。」引自〔清〕王引之撰：《經
義述聞・周易下五十二條・小過小者過而亨也》【清道光七年王氏京師刻本】
卷二，收入《續修四庫全書・經部・群經總義類》第174冊（上海：上海古
籍出版社，2002年3月），頁294。

〔註13〕引自〔魏〕王弼、〔晉〕韓康伯注〔唐〕孔穎達等正義：《周易正義・乾・文
言傳》卷一，收入〔清〕阮元校勘：《十三經注疏》（臺北：藝文印書館，2007
年8月），頁16。

〔註14〕引自〔清〕孫堂編輯：《漢魏二十一家易注・子夏易傳・乾》【清嘉慶四年映
雪草堂刊本】，收入嚴靈峯編輯：《無求備齋易經集成》第169冊（臺北：成
文出版社，1976年），頁23。

家易學鼻祖，其與《爾雅·釋詁》中「以『元』為始」〔註15〕的說法，廣泛被眾多後代易學家使用，尤其影響了漢、魏經學家對「元」的概念與運用。

　　《易傳》裡首次明確提出「乾元」一詞的，則在〈乾·象傳〉，見《周易·乾·象傳》曰：「大哉乾元，萬物資始，乃統天。雲行雨施，品物流形。」〔註16〕「乾元」為天地萬物之初始，統領自然界一切，天道運行，滋潤萬物，〈象傳〉所謂的「乾元」，即代表「天道」。聖人何以觀天道？此在《周易·乾·文言傳》已有交代：「乾元用九，乃見天則。」〔註17〕當「乾元」在用九之時，可觀天地運行之法則，〈乾·文言傳〉又言：「乾元用九，天下治也。」〔註18〕當「乾元」在用九之時，即天下治平之時。《易傳》在〈乾〉卦的部份，多次出現「乾元」一詞，提點出「元」對《周易》的重要性。《易傳》以「乾元」表示天道，而當「乾元用九」之時，即是國泰民安之時。

（二）漢、魏、唐之「元」論

　　漢、魏時期，對「元」有所創見者，不單只有易學家而已，《易緯》、《春秋繁露》、《公羊解詁》、《漢書》等書籍皆曾對「元」提出論述。最早對「元」有所發明的漢代儒者，應非董仲舒莫屬，其在《春秋繁露·玉英》曰：

> 惟聖人能屬萬物於一，而繫之元也。終不及本所從來而承之，不能遂其功。是以《春秋》變一謂之元。元，猶原也，其義以隨天地終始也。
>
> 故人唯有終始也，而生不必應四時之變，故元者為萬物之本。〔註19〕

聖人順天以治天下，能統合萬物於一，而繫之「元」。「元」為原、為萬物之本，其義可隨天地自始至終，故《春秋經》在魯國十二公之初年皆謂「元年」，

〔註15〕《爾雅·釋詁》：「初、哉、首、基、肇、祖、元、胎、俶、落、權輿，始也。」引自〔晉〕郭璞注〔宋〕邢昺疏：《爾雅注疏·釋詁第一》卷一，收入〔清〕阮元校勘：《十三經注疏》（臺北：藝文印書館，2007 年 8 月），頁 6。

〔註16〕引自〔魏〕王弼、〔晉〕韓康伯注〔唐〕孔穎達等正義：《周易正義·乾·象傳》卷一，收入〔清〕阮元校勘：《十三經注疏》（臺北：藝文印書館，2007 年 8 月），頁 10。

〔註17〕引自〔魏〕王弼、〔晉〕韓康伯注〔唐〕孔穎達等正義：《周易正義·乾·文言傳》卷一，收入〔清〕阮元校勘：《十三經注疏》（臺北：藝文印書館，2007 年 8 月），頁 16。

〔註18〕引自〔魏〕王弼、〔晉〕韓康伯注〔唐〕孔穎達等正義：《周易正義·乾·文言傳》卷一，收入〔清〕阮元校勘：《十三經注疏》（臺北：藝文印書館，2007 年 8 月），頁 15。

〔註19〕引自〔清〕蘇輿撰〔民國〕鍾哲點校：《春秋繁露義證·玉英第四》卷三（北京：中華書局，2010 年 1 月），頁 68～69。

而不以「一年」爲稱，即所謂「變一爲元」。另見《春秋繁露·王道》曰：「《春秋》何貴乎『元』而言之？元者，始也，言本正也。」〔註20〕以及〈立元神〉曰：「君人者，國之元。」〔註21〕故知董仲舒的「元」，是指天地萬物的源頭、根本、宗旨，爲始、終的存在者。何休的《公羊解詁》曰：「元者，氣也。無形以起有形，以分造起天地，天地之始也。……王者當繼天奉元，養成萬物。」〔註22〕何休以「元」爲氣，無形而造化天地，養成萬物，乃天地之始。《春秋》中的「元」，代表本源，也象徵著正道，爲君王統御萬民之圭臬。

《緯書》在漢代的地位不低於五經，其中的《易緯》在經過鄭康成注解之後，對後世的易學產生了高度的影響力，比如《易緯·乾鑿度》就曾述及與「元」相關的論點，故成爲姚配中發展「易元」理論的重要參考依據。《易緯·乾鑿度》曰：「易一元，以爲元紀。」鄭注：「天地之元，萬物所紀。」〔註23〕可見《易緯》早有「易一元」之詞。〈乾鑿度〉又云：「太初者，氣之始也。」鄭注：「元氣之所本始。」〔註24〕此處〈乾鑿度〉已未提及「元」，而鄭玄則將太初之氣命名爲「元氣」，把它連結成《周易》所謂的「乾元」〔註25〕，與《荀九家》：「元者，氣之始也。」〔註26〕的解釋如出一轍，認爲「元」爲氣之始。易中之「元」比起《春秋》之「元」，具有更強的氣化概念，亦剔除了規範帝王的政治效用〔註27〕，使之更加抽象、哲理、形上化，而兩者相同的

〔註20〕 引自〔清〕蘇輿撰〔民國〕鍾哲點校：《春秋繁露義證·王道第六》卷四（北京：中華書局，2010年1月），頁100。

〔註21〕 引自〔清〕蘇輿撰〔民國〕鍾哲點校：《春秋繁露義證·立元神第十九》卷六（北京：中華書局，2010年1月），頁166。

〔註22〕 引自〔漢〕何休解詁；舊題〔唐〕徐彥疏：《春秋公羊傳注疏·隱公·元年》卷一，收入〔清〕阮元校勘：《十三經注疏》（臺北：藝文印書館，2007年8月），頁8。

〔註23〕 引自〔漢〕鄭玄注：《周易乾鑿度》卷上，收錄於上海古籍出版社編：《緯書集成》上冊（上海：上海古籍出版社，1994年6月），頁44。

〔註24〕 引自〔漢〕鄭玄注：《周易乾鑿度》卷上，收錄於上海古籍出版社編：《緯書集成》上冊（上海：上海古籍出版社，1994年6月），頁46。

〔註25〕 參閱胡自逢著：《周易鄭氏學·鄭氏易學之淵源·鄭易源於緯書考》（臺北：文史哲出版社，1990年7月），頁139。

〔註26〕 引自〔唐〕李鼎祚輯：《周易集解·乾·象傳》卷一【學津討原本】，收入《叢書集成初編》（北京：中華書局，1985年），頁4。

〔註27〕 《春秋》中的「元」論，間接具有匡正帝王的政治效用，見舊題徐彥之名的《春秋公羊傳疏》曰：「以元之氣，正天之端；以天之端，正王之政。」引自〔漢〕何休解詁；舊題〔唐〕徐彥疏：《春秋公羊傳注疏·隱公·元年》卷一，收入〔清〕阮元校勘：《十三經注疏》（臺北：藝文印書館，2007年8月），頁

是：「元」爲天下萬物之本源，且永恆地存在。

　　《易緯》、鄭玄易、《荀九家》等對「元」的觀念，深深地影響了姚配中及其易學，姚氏在《周易姚氏學》卷首的〈贊元〉曾道：「自初至終，无非元之所爲。元實起於一卦之始，而舉其義於一卦之終，以見元无不在，非上九之後，又有用九也。」〔註28〕說明「元」開創一切，且始終存在於天地四方，而非上九之後，又有用九。對於「乾元」於易中之所處，《周易姚氏學》依循鄭玄「用九乾元」的論點，於〈贊元〉曰：

　　　　鄭氏〈用九〉注云：「六爻皆體〈乾〉，羣龍之象也。舜既受禪，禹
　　　　與稷、契、咎繇之屬竝在於朝。」是鄭氏以六爻爲禹、稷諸人，而
　　　　舜則〈用九〉者，不在六爻之數，所謂乾元也。……虞注云：「〈復〉
　　　　初〈乾〉之元者，以元不可見，終亥出子，藏於中宮，因其始動，
　　　　以目其未動，故獨繫之〈復〉初。〈復〉初陽始來復，天地之心也。」
　　　　是虞義與鄭同。〔註29〕

禹、稷、契諸位先賢，皆屬人中之龍，並在朝而體〈乾〉，舜既受禪，即爲用九，被六龍所體，謂之乾元。姚配中以鄭玄的注解指出「乾元用九」一說，隨後徵引虞氏之言相佐，論述陰極陽生之定理：〈復〉初陽始來復，「元」尚不可見，終於〈坤〉亥，出〈乾〉初子，藏於中宮，隱初入微，不在六爻之數。姚氏融合鄭、虞兩家，說明「乾元」即用九，受六爻所體，而不在六爻之中。然而，並非所有漢、魏易學家都主張「乾元用九」說，請看唐代李鼎祚《周易集解·乾·初九》所輯錄的干寶注：「位始，故稱初；陽重，故稱九。陽在初九，十一月之時，自〈復〉來也。初九，甲子天正之位，而乾元所始也。陽處三泉之下，聖德在愚俗之中。」〔註30〕干寶以初九爲「乾元」所始，與鄭、虞之意不同，這也恐怕是干寶此語未被《周易姚氏學》收錄之因。姚配中認爲「元」可存於六爻之中，曾於〈定名〉曰：「〈乾·初〉曰『潛龍』，

　　　　10。

〔註28〕引自〔清〕姚配中撰：《周易姚氏學·序·贊元》卷首【一經廬叢書本】，收
　　　　入《續修四庫全書·經部·易類》第30冊（上海：上海古籍出版社，2002年
　　　　3月），頁454。

〔註29〕引自〔清〕姚配中撰：《周易姚氏學·序·贊元》卷首【一經廬叢書本】，收
　　　　入《續修四庫全書·經部·易類》第30冊（上海：上海古籍出版社，2002年
　　　　3月），頁454。

〔註30〕引自〔唐〕李鼎祚輯：《周易集解·乾·初九》卷一【學津討原本】，收入《叢
　　　　書集成初編》（北京：中華書局，1985年），頁1。

〈坤・上〉曰『龍戰』，皆謂『元』也。」〔註31〕言初九、上六皆可謂之「元」，但乾、坤兩元，則必定是〈用九〉與〈用六〉。

姚配中在精熟張惠言的《周易虞氏義》之後，想進一步兼習他家易說，以求全面通透，遂決定從李鼎祚《周易集解》入手，藉由此書來研究兩漢、魏晉諸位儒者解《易》之法〔註32〕，是知姚氏對《周易集解》亦有所鑽研，李鼎祚的易學思想，很可能會對姚配中產生潛移默化的影響。從《周易集解》的案語可知：李氏也贊同「乾元用九」一說，此處便舉《周易集解・乾・文言傳》最末段的案語為說：

> 此則「乾元用九，天下治也。」言大寶聖君，若能用九天德者，垂拱无為，芻狗萬物，生而不有，功成不居，百姓日用而不知，豈荷生成之德者也？此則三皇五帝，乃聖乃神，保合太和，而天下自治矣。今夫子〈文言〉再稱聖人者，歎美用九之君，能知進退存亡，而不失其正，故得大明終始，萬國咸寧，時乘六龍，以御天也。斯即有始有卒者，其唯聖人乎？是其義也。〔註33〕

李氏以用九為天之德，無為而治，功成不居，百姓自然地生活，遂使天下安治。孔子作〈文言傳〉讚美用九之君明曉天道，時乘六龍以御天，知進退存亡之理，又能守其中正。李鼎祚以「乾元」為聖君，乃天地最高統治者，用九天德無為而治、隨時而動，乾元用九，知天道之行，則可長治久安，《周易集解》對「乾元用九」的描述，頗具道家《老子》習氣。王欣夫曾評議《周易姚氏學》：「未免義涉老氏。」〔註34〕〈贊元〉一篇確實曾用：「視之不見，聽之不聞，範圍不過，曲成不遺，在天成象，在地成形，見乃謂之象，形乃謂之氣，皆元也。」〔註35〕一句來發揮「元」之奧妙，若將之比對《老子・

〔註31〕引自〔清〕姚配中撰：《周易姚氏學・序・定名》卷首【一經廬叢書本】，收入《續修四庫全書・經部・易類》第30冊（上海：上海古籍出版社，2002年3月），頁463。

〔註32〕參閱〔清〕姚配中撰：《周易姚氏學・包世榮序》【一經廬叢書本】，收入《續修四庫全書・經部・易類》第30冊（上海：上海古籍出版社，2002年3月），頁450。

〔註33〕引自〔唐〕李鼎祚輯：《周易集解・乾・文言傳》卷一【學津討原本】，收入《叢書集成初編》（北京：中華書局，1985年），頁22～23。

〔註34〕引自王欣夫撰；鮑正鵠、徐鵬標點整理：《蛾術軒篋存善本書錄・癸卯稿卷一・《周易姚氏學》十六卷》上冊（上海：上海古籍出版社，2002年12月），頁703。

〔註35〕引自〔清〕姚配中撰：《周易姚氏學・序・贊元》卷首【一經廬叢書本】，收

第十四章》：「視之不見名曰夷，聽之不聞名曰希，搏之不得名曰微。」〔註36〕
可發現兩者語句有極大的相似成分，意境頗類似《老子》言「道」之語，但
翻閱整本《周易姚氏學》徵引《老子》之處，實在少之又少，恐怕不超過五
處，可見道家之學並非姚配中易學所側重的面向。竊以爲姚配中所內化的道
家思想，未必完全直接源自於《老》、《莊》，應是摻染了不少後代喜好道家玄
妙的儒者之言。

（三）惠棟、張惠言之「元」論

　　本研究在第四章第二節「惠、張兩氏之潤澤」，已大致陳述過惠棟和張惠
言兩人的生平簡歷、易學成就，以及他們帶給姚配中及其《周易姚氏學》的
影響。此處將針對惠棟《周易述》和張惠言《周易虞氏義》兩書裡面的「易
元」之說提出討論，以檢視惠、張兩氏對「易元論」的貢獻與不足之處。惠
棟《周易述・乾》嘗考察「元」之涵義：

> 初，始也，元亦始也。何休注《公羊》曰：「元者，氣也，天地之始。」
> 故《傳》曰：「大哉乾元，萬物資始。」《說文》曰：「元，從一。」
> 故《春秋》一年稱元年。《說文》又曰：「唯初大始，道立於一，造
> 分天地，化生萬物。」董子〈對策〉曰：「謂一爲元者，視大始而欲
> 正本。」是〈乾〉初爲道本，故曰元也。〔註37〕

惠棟援引《春秋經》、《公羊解詁》、《說文解字》、〈天人三策〉等典籍來說明「元」
爲何物？元爲一、爲氣、爲天地之始，並遵從《易傳》，以乾元爲萬物資始。然
而，惠氏以〈乾〉初爲道之本，以爲乾元在初九，主張「初九乾元」之說，這
套理論乃建立在荀爽對「大衍之數五十」的注釋上，荀氏曰：「卦各有六爻，六
八四十八，加〈乾〉、〈坤〉兩用，凡有五十。〈乾・初九〉：『潛龍勿用』，故用
四十九也。」〔註38〕惠氏據荀爽此言，再次解釋「初九乾元」之旨：

　　　入《續修四庫全書・經部・易類》第 30 冊（上海：上海古籍出版社，2002 年
　　　3 月），頁 455。
〔註36〕引自〔魏〕王弼注，〔民國〕樓宇烈校釋：《老子道德經注校釋・第十四章》（北
　　　京：中華書局，2009 年 3 月），頁 31。
〔註37〕引自〔清〕惠棟撰〔民國〕鄭萬耕點校：《周易述・乾》卷一，上冊（北京：
　　　中華書局，2007 年 9 月），頁 4。
〔註38〕引自〔清〕黃奭編輯：《荀爽易言・繫辭上傳》，收入《黃氏逸書考》【民國十
　　　四年王鑒據懷荃室藏板修補本】第 1 冊（京都：中文出版社，1986 年 10 月），
　　　頁 93。

荀爽注「大衍之數五十」云：「〈乾·初九〉潛龍勿用，故用四十九。」
初九，元也，即太極也。太極函三爲一，故大衍之數虛一不用耳。
若然，用九之義，六龍皆御，而初獨不用者，但《易》有六位，〈乾〉
稱六龍，六位之成，六龍之御，皆有其時，初當潛藏，故稱勿用。
〔註39〕

惠氏直接指出「初九，元也，即太極也。」以〈乾·初九〉爲元、爲太極，
潛藏勿用，用九能御六龍，初九潛龍獨自潛藏，隱遁於世。《周易述》在此處
清楚表明〈乾·初九〉即是「乾元」。對此，姚配中相當不以爲然，於《周易
姚氏學·乾·初九》曰：

荀爽其用四十有九，注云「乾初九，潛龍勿用」者，蓋以潛龍爲元。
全氣之伏辭見於初，故連言初九。惠氏棟據以爲說，乃云：「初九，
元也，其一不用，謂此爻也。」遺去潛龍，專言爻數，亦語簡而失
荀指矣。〔註40〕

姚氏認爲荀爽屢次提及初九，應該只是以潛龍之象爲「元」，初爲始，乃全氣
伏辭之所在。惠棟不言潛龍之象，僅僅以爻數說之，論述過於簡單，未能周
全，又誤以初爲「元」，有失荀氏本義，足見惠氏「初九乾元」之論，不被姚
配中所採納。除了「初九乾元」之說，惠棟甚至將「元」納入其「函三爲一」
的宇宙觀中，見《周易述·繫辭上傳》：

〈乾〉爲善，乃乾元也。《三統曆》曰：「太極元氣，函三爲一。」
三謂酉、戌、亥，故云：「三氣相承，合于一元。」謂太初、太始、
太素之氣也。《三統曆》又云：「元者，善之長也，共養三德爲善。」
孟康《漢書》注云：「謂三統之微氣也，當施育萬物，故謂之德。」
《三統曆》又云：「『元，體之長。』合三體而爲之原，故曰元。」
「三統合于一元」，是其義也。〔註41〕

漢人劉歆設立《三統曆》，惠氏十分認同劉歆「太極元氣，函三爲一」的氣化

〔註39〕引自〔清〕惠棟撰〔民國〕鄭萬耕點校：《周易述·乾·用九》卷一，上冊（北
京：中華書局，2007年9月），頁5。

〔註40〕引自〔清〕姚配中撰：《周易姚氏學·乾·初九》卷一【一經廬叢書本】，收
入《續修四庫全書·經部·易類》第30冊（上海：上海古籍出版社，2002年
3月），頁465。

〔註41〕引自〔清〕惠棟撰〔民國〕鄭萬耕點校：《周易述·繫辭上傳》卷十五，上冊
（北京：中華書局，2007年9月），頁257～258。

宇宙論，在《周易述》裡多次徵引其言論。此處謂「太初」、「太始」、「太素」均為氣，三氣相承，合為一氣，而這股氣即是「元」，共養三德，施育萬物，為善、為德，說明「元」為三氣統一的結合物，相當於「太極」。

　　在惠棟《周易述》之後，接著看張惠言《周易虞氏義》對「易元」的詮釋，張氏在〈乾〉卦辭下先引述《子夏易傳》：「元，始也；亨，通也；利，和也；貞，正也。」〔註42〕說明「元亨利貞」四德，再自己闡釋道：

　　〈乾〉：始者，謂易出〈復〉初，探賾索隱，萬物資始，故曰「元」。

　　以陽通陰，六陽消息，二五利見，故曰「亨」；「利」謂〈坤〉來入

　　〈乾〉，以成萬物，美利利天下，當位曰「正」，二、四、上失位，

　　變而之正，則雲行雨施，天下平也。〔註43〕

張氏以〈乾〉為始，將「元亨利貞」分成四個部份介紹，起首即謂易出〈復〉初，「元」為萬物資始；再用「六陽消息」、「二五利見」之語來解釋「亨」字；「利」為〈坤〉來入〈乾〉，滋養萬物；「貞」者，正也，《易》以正位為正，〈乾〉九二、九四、上九失其位，必須變而得正。由此語可知，張惠言以〈乾〉為始，以「元」為萬物資始，在《周易虞氏義‧乾‧象傳》又指出乾元為「立天之本」〔註44〕，具有「大和」之象〔註45〕，張氏甚至在《虞氏易事‧乾》中聲明「元」為「始」，不為「大」：「『元亨利貞』，孔子贊以四德。《易》之言『元』，皆訓為『始』，不訓為『大』。〈象〉有言『大』、『亨』者，〈乾〉以『元』始，萬物得其始而大，大非元之本義也。」〔註46〕其對「元」的解釋

〔註42〕引自〔清〕孫堂編輯：《漢魏二十一家易注‧子夏易傳‧乾》【清嘉慶四年映雪草堂刊本】，收入嚴靈峯編輯：《無求備齋易經集成》第 169 冊（臺北：成文出版社，1976 年），頁 23。

〔註43〕引自〔清〕張惠言撰：《周易虞氏義‧乾》卷一【清嘉慶八年阮氏琅嬛仙館刻本】，收入《續修四庫全書‧經部‧易類》第 26 冊（上海：上海古籍出版社，2002 年 3 月），頁 430。

〔註44〕引自〔清〕張惠言撰：《周易虞氏義‧乾‧象傳》卷一【清嘉慶八年阮氏琅嬛仙館刻本】，收入《續修四庫全書‧經部‧易類》第 26 冊（上海：上海古籍出版社，2002 年 3 月），頁 431。

〔註45〕參閱〔清〕張惠言撰：《周易虞氏義‧乾‧象傳》卷一【清嘉慶八年阮氏琅嬛仙館刻本】，收入《續修四庫全書‧經部‧易類》第 26 冊（上海：上海古籍出版社，2002 年 3 月），頁 431。

〔註46〕引自〔清〕張惠言撰：《虞氏易事‧乾》卷上【清光緒刻仰視千七百二十九鶴齋叢書影印本】，收入《續修四庫全書‧經部‧易類》第 26 冊（上海：上海古籍出版社，2002 年 3 月），頁 627。

與惠棟大抵相同。張惠言「易元」論的特色在於「乾元常存」，惠棟以〈乾‧初九〉爲乾元，姚配中則以〈乾‧用九〉爲乾元，張惠言則不把乾元限制、定位於某卦、某爻之中，見《周易虞氏義‧乾‧文言傳》釋「知終終之，可與存義也。」的小字注解：

> 〈泰〉將終，三終之，謂「終日乾乾」，地靜而理曰義，易以〈坤〉
> 成〈乾〉之性，乾元常存，故〈繫〉曰：「成性存存，道義之門。」
> 注引：「知終終之，可與存義也。」〔註47〕

虞翻多以「成〈既濟〉定」爲其「易變」的終極目標，張惠言《周易虞氏義》以注疏虞氏易學爲本旨，自當從之，遂以爻變成〈既濟〉，方爲大成。〈坤〉成〈乾〉之性，即虞仲翔所謂：「陰極陽生，〈乾〉流〈坤〉形，〈坤〉含光大凝，〈乾〉之元，終於〈坤〉亥，出〈乾〉初子。」〔註48〕謂乾元潛藏於〈坤〉亥之中，終亥而出〈乾〉初子，爲乾元之所在，〈繫辭上傳〉曰：「天地設位，而易行乎其中矣。成性存存，道義之門。」〔註49〕表示乾元不只在一處而已，乃以〈復〉初爲乾元。張惠言將此概念普遍應用在《周易虞氏義》的詮釋中，例如《周易‧坤‧六五》：「黃裳元吉。」〔註50〕張氏注解曰：「謂五動，體〈觀〉，〈坤〉爲帛、〈巽〉爲股，帛在股爲裳。地色黃，故黃裳自有乾元，非自外至，故元吉。」〔註51〕；《周易‧履‧上九》：「視履考祥，其旋元吉。」〔註52〕張氏注解曰：「旋，易也。上易三，則四變成〈既濟〉定。乾元復〈離〉，三〈離〉

〔註47〕引自〔清〕張惠言撰：《周易虞氏義‧乾‧文言傳》卷一【清嘉慶八年阮氏琅嬛仙館刻本】，收入《續修四庫全書‧經部‧易類》第 26 冊（上海：上海古籍出版社，2002 年 3 月），頁 431～432。

〔註48〕引自〔清〕黃奭編輯：《虞翻易注‧坤》，收入《黃氏逸書考》【民國十四年王鑒據懷荃室藏板修補本】第 1 冊（京都：中文出版社，1986 年 10 月），頁 133。

〔註49〕引自〔魏〕王弼、〔晉〕韓康伯注〔唐〕孔穎達等正義：《周易正義‧繫辭上傳》卷七，收入〔清〕阮元校勘：《十三經注疏》（臺北：藝文印書館，2007 年 8 月），頁 150。

〔註50〕引自〔魏〕王弼、〔晉〕韓康伯注〔唐〕孔穎達等正義：《周易正義‧坤‧六五》卷一，收入〔清〕阮元校勘：《十三經注疏》（臺北：藝文印書館，2007 年 8 月），頁 20。

〔註51〕引自〔清〕張惠言撰：《周易虞氏義‧坤‧六五》卷一【清嘉慶八年阮氏琅嬛仙館刻本】，收入《續修四庫全書‧經部‧易類》第 26 冊（上海：上海古籍出版社，2002 年 3 月），頁 433。

〔註52〕引自〔魏〕王弼、〔晉〕韓康伯注〔唐〕孔穎達等正義：《周易正義‧履‧上九》卷二，收入〔清〕阮元校勘：《十三經注疏》（臺北：藝文印書館，2007 年 8 月），頁 41。

爻來，故曰元吉。」〔註53〕；《周易‧豫》：「利建侯行師。」〔註54〕張氏注解曰：「〈復〉初者，乾元也，陰麗陽而生。〈豫〉四之〈坤〉初爲〈復〉，息〈小畜〉陰始凝陽。」〔註55〕以〈復〉初爲乾元，認爲乾元常存於《周易》卦、爻各處。另一方面，張惠言雖然不言「乾元用九」之論，但也在《周易虞氏義》裡闡發了「用九」及「用六」的重要與特殊性：「爻不正，則道有變動。〈乾〉、〈坤〉用九、六，所以立消息，正六位也。……六十四卦皆〈乾〉、〈坤〉，『用九』、『用六』通乎二篇之爻也。」〔註56〕說明〈乾‧用九〉、〈坤‧用六〉立消息，正六位，乃貫通《周易》之兩爻。此對於主張「乾元用九」論的姚配中，或許也有某種程度的啓發。

二、對「易元」的建構與開發

「易中之元」自孔子發之，漢代儒者尚且能明其中道理，然隨著時代流轉，已漸漸無人通曉。直到惠棟才正式重新開啓「易元」議題，謂「太極元氣，函三爲一」，於其易學著作解釋「元」字，卻只是羅列眾多史料，未深入分析，誠如陳伯适先生所言：「惠氏『函三爲一』的宇宙觀，是漢儒在這方面主張的再現，但是，惠棟並沒有作更細膩的闡發或進一步再造，只停留在概括的引述。」〔註57〕張惠言循著惠氏的腳步，於《虞氏消息》闡述「易有太極，爲乾元」的宇宙觀，但尚未成爲一套體系，其意義只是替虞氏「卦氣說」和「卦變說」提供理論依據而已。〔註58〕真正爲「易中之元」建構出一套思想架構與學說的易學家，

〔註53〕 引自〔清〕張惠言撰：《周易虞氏義‧履‧上九》卷二【清嘉慶八年阮氏琅嬛仙館刻本】，收入《續修四庫全書‧經部‧易類》第 26 冊（上海：上海古籍出版社，2002 年 3 月），頁 444。

〔註54〕 引自〔魏〕王弼、〔晉〕韓康伯注〔唐〕孔穎達等正義：《周易正義‧豫》卷二，收入〔清〕阮元校勘：《十三經注疏》（臺北：藝文印書館，2007 年 8 月），頁 48。

〔註55〕 引自〔清〕張惠言撰：《周易虞氏義‧豫》卷二【清嘉慶八年阮氏琅嬛仙館刻本】，收入《續修四庫全書‧經部‧易類》第 26 冊（上海：上海古籍出版社，2002 年 3 月），頁 449。

〔註56〕 引自〔清〕張惠言撰：《周易虞氏義‧乾‧用九》卷一【清嘉慶八年阮氏琅嬛仙館刻本】，收入《續修四庫全書‧經部‧易類》第 26 冊（上海：上海古籍出版社，2002 年 3 月），頁 430。

〔註57〕 引自陳伯适著：《惠棟易學研究（四）‧惠棟易學的義理觀》，收入林慶彰主編：《中國學術思想研究輯刊五編》第 12 冊（臺北：花木蘭文化出版社，2009 年 9 月），頁 873。

〔註58〕 朱伯崑曾探討張惠言的「乾元說」，請參閱朱伯崑著：《易學哲學史‧道學的終結與漢易的復興》第四卷（臺北：藍燈文化事業，1991 年 9 月），頁 354～

則須等到嘉慶、道光年間的姚配中，其對「易元」的種種敘述，於《周易姚氏學》中處處可見。筆者試著歸納出《周易姚氏學》裡五項較為重要且具有代表性的「易元論」，於下文中闡釋、評議，依序為：「『元』為氣之始」、「『元』為『一』為『易』」、「『乾元』與『坤元』」、「乾元用九、坤元用六」、「乾元潛伏於坤元之中」五項，冀能在這五段論述中確實勾勒出姚配中的「易元」論點。

（一）「元」為氣之始

「元」可謂姚配中易學之中樞，《周易姚氏學・乾》：「元者，二氣之始，萬物之元也。太極，陰陽之始，分為二，陰陽各有始。〈乾〉，元亨者，陽始通陰，陰陽交會也，二氣交和，美利利物，〈乾〉、〈坤〉相通，成〈既濟〉。一陰一陽，陰陽和，六爻正，故利貞。」〔註59〕姚氏以「元」為陰陽二氣之始，並解釋〈乾〉、〈坤〉相通，二氣交融，成〈既濟〉而孳生天地萬物。若將此段與《周易姚氏學・乾》卦畫下的案語對照，會使姚氏易學脈絡更加清楚：

> 易始於太極，一陰一陽之謂道也。太極分為二：清陽為天，濁陰為地。〈乾〉、〈坤〉，易之門，陰陽之宗。是以二卦通，生變化；中氣通，成〈坎〉、〈離〉；六位通，成〈既濟〉、〈未濟〉。乾元、坤元，資始、資生，八卦錯綜，成六十四，莫非〈乾〉、〈坤〉之消息，陽皆乾元之用，陰皆坤元之用也。〔註60〕

此處說明「太極」分為二：清者為陽，化成天；濁者為陰，化成地。相當於《周易》門戶的〈乾〉、〈坤〉，此兩卦為陰陽之宗，八八六十四卦皆為〈乾〉、〈坤〉衍生而成，乾元主導陽之所用，資始萬物；坤元主導陰之為用，資生萬物。姚氏言「太極」分為清陽、濁陰，乃天地氣息初始之狀態，亦以「元」為陰陽二氣之始，又言「乾元、坤元，資始、資生」與「〈乾〉、〈坤〉相通，成〈既濟〉」兩句，意指乾元、坤元相交而產生自然界的一切。由此觀之，姚配中所謂的「元」，恐怕就是易學中的「太極」，而「元」之二氣，則為乾、坤兩元，姚氏在《周易姚氏學》中賦予「易元」氣化的概念，承繼了《漢書・律曆志》對「太極元氣」的闡述。〔註61〕

357。

〔註59〕引自〔清〕姚配中撰：《周易姚氏學・乾》【一經廬叢書本】，收入《續修四庫全書・經部・易類》第 30 冊（上海：上海古籍出版社，2002 年 3 月），頁 464。

〔註60〕引自〔清〕姚配中撰：《周易姚氏學・乾》【一經廬叢書本】，收入《續修四庫全書・經部・易類》第 30 冊（上海：上海古籍出版社，2002 年 3 月），頁 464。

〔註61〕《漢書・律曆志》：「十一月，〈乾〉之初九，陽氣伏於地下，始著為一，萬物

（二）「元」為「一」為「易」

《周易姚氏學》卷首自序曰：「天一地二，天三地四，天五地六，天七地八，天九地十。一者，元也。元者，易之原也，是故不知一者，不足與言易；元藏于中，爻周其外，往來上下，而易道周，是故不知周者，不足與言易。」〔註62〕姚配中以「元」為《周易》之本源，又以「一」為「元」，〈贊元〉曰：「元者，一也。」〔註63〕〈釋數〉曰：「自一至十，不過因始、壯、究而易其名耳。凡為天之所包者，皆以一統之；為易之所有者，皆以一貫之。」〔註64〕數以一始，以十終，十亦一也，故易以一貫之。姚配中頗重視「一」字，認為「一為數之原」，而非下位之稱，故於《周易姚氏學‧乾‧初九》特別介紹「一」：

> 觀茲諸義，可知元之於畫，畫之於爻，元貫始終，六畫共體，爻之變化，各自畫來。是以，下但稱「初」，不得云「一」。《說文》云：「惟初太始，道立於一，造分天地，化成萬物。」自初至終，謂之一，自下至上，謂之一，一周謂之一。一者，數之原，萬之統，乃元之稱，非下之稱也。〔註65〕

許慎以「一」為道之本，為創造天地、化成萬物的象徵。姚配中亦認為「一」乃始終、全體性的存在，可謂數之原、萬之統，甚至將「一」與其易學之最高指導原則「易元」並稱，強調「一」非下位之意。下者可稱「初」，不得謂之「一」；

萌動，鐘於太陰，故黃鐘為天統，律長九寸。九者，所以究極中和，為萬物元也。」說明陽氣始伏，又曰：「十一而天地之道畢，言終而復始。太極中央元氣，故為黃鐘。……經元一以統始，《易》太極之首也。」清楚表示太極乃中央元氣。引自〔漢〕班固等撰〔唐〕顏師古注：《漢書‧律曆志第一上》卷二十一上，第4冊（北京：中華書局，2007年10月），頁961、981。

〔註62〕引自〔清〕姚配中撰：《周易姚氏學‧卷首自序》【一經廬叢書本】，收入《續修四庫全書‧經部‧易類》第30冊（上海：上海古籍出版社，2002年3月），頁453。

〔註63〕引自〔清〕姚配中撰：《周易姚氏學‧序‧贊元》卷首【一經廬叢書本】，收入《續修四庫全書‧經部‧易類》第30冊（上海：上海古籍出版社，2002年3月），頁457。

〔註64〕引自〔清〕姚配中撰：《周易姚氏學‧序‧釋數》卷首【一經廬叢書本】，收入《續修四庫全書‧經部‧易類》第30冊（上海：上海古籍出版社，2002年3月），頁457。

〔註65〕引自〔清〕姚配中撰：《周易姚氏學‧乾‧初九》【一經廬叢書本】，收入《續修四庫全書‧經部‧易類》第30冊（上海：上海古籍出版社，2002年3月），頁465。

「一」者，貫徹始終也。又於《周氏姚氏學・定名》曰：「周者，〈乾〉、〈坤〉之陰陽，而易則元也。」〔註66〕將易與「元」連接，並云：「乾元用九、坤元用六，一經皆九、六，九、六皆元之用，元即易也。」〔註67〕乾、坤兩元合則爲「太極」，乃淳利未分之狀態，《易》即太極；九、六合爲易，易以一貫之、以一統之，一即易。總結以上，可知姚配中所謂的「元」、「一」、「易」三者互通，《周易姚氏學・序》分述〈贊元〉闡「元」、〈釋數〉論「一」、〈定名〉言「易」，雖作三篇，其實同爲一義，三者只是因情狀不同而改易其名而已。

（三）「乾元」與「坤元」

在綜述整體「易元」過後，接著析論「易元」中的乾、坤兩元。〈乾〉、〈坤〉爲六十四卦起始的兩卦，《周易姚氏學・蒙・九二》曾轉錄《大戴禮記・保傅》之語：「《易》曰：『正其本，萬物理。失之毫釐，差之千里。』故君子愼始也。《春秋》之元，《詩》之〈關雎〉，《禮》之〈冠〉、〈昏〉，《易》之〈乾〉、〈坤〉，皆愼始敬終云爾。」〔註68〕說明易道「愼始」，而〈乾〉、〈坤〉爲易之始。姚配中的「元」，又可區分爲乾元與坤元，見《周易姚氏學・乾・文言傳》對乾、坤兩元的介紹：

〈文言傳〉：乾元者，始而亨者也。

注：虞翻曰：〈乾〉始開通，以陽通陰，故始通。

案：乾元，陽之始；坤元，陰之始。「始通」謂陰陽以元氣交會也。

而，詞也。〈班彪傳〉注引〈禮統〉云：「天地者，元氣之所生，萬物之祖。」《白虎通・天地》云：「地者，元氣之所生，萬物之祖也。」《管子》云：「地者，萬物之本原，諸生之根苑也。」案：太極函三爲一，是曰：元分爲二，〈乾〉得其陽，〈坤〉得其陰，故〈乾〉、〈坤〉皆有元也。〔註69〕

〔註66〕引自〔清〕姚配中撰：《周易姚氏學・序・定名》卷首【一經廬叢書本】，收入《續修四庫全書・經部・易類》第30冊（上海：上海古籍出版社，2002年3月），頁461。

〔註67〕引自〔清〕姚配中撰：《周易姚氏學・序・定名》卷首【一經廬叢書本】，收入《續修四庫全書・經部・易類》第30冊（上海：上海古籍出版社，2002年3月），頁462。

〔註68〕引自〔清〕姚配中撰：《周易姚氏學・蒙・九二》卷四【一經廬叢書本】，收入《續修四庫全書・經部・易類》第30冊（上海：上海古籍出版社，2002年3月），頁501。

〔註69〕引自〔清〕姚配中撰：《周易姚氏學・乾・文言傳》卷二【一經廬叢書本】，收入《續修四庫全書・經部・易類》第30冊（上海：上海古籍出版社，2002

姚氏以「元」爲始，元氣生成天地萬物，化分爲陰、陽二氣，〈乾〉得其陽，
〈坤〉得其陰，故〈乾〉、〈坤〉皆得「元」，乾元爲陽之始，坤元爲陰之始。
另外看《周易姚氏學・坤・象傳》對乾、坤兩元的描述：

> 〈象〉曰：至哉坤元，萬物資生，乃順承天。
>
> 注：《荀九家》曰：〈坤〉者純陰，配〈乾〉生物，亦善之始，地之
> 　　象也，故又歎言至美。
>
> 案：順，猶從也；承，奉也、受也。元爲天地之始，乾元立天之本，
> 　　而萬物資以始，坤元順承天，而萬物資以生。〈坤〉非元亦不能
> 　　生物也，故〈乾〉曰「大哉」，〈坤〉曰「至哉」。〔註70〕

此說明〈乾〉、〈坤〉雖爲易之初始，但無「元」不得生成。乾元爲立天之本，
坤元須順從之，方能促使萬物資始、資生，故〈象傳〉贊乾元爲「大哉」，稱
坤元爲「至哉」。姚配中綜觀《易傳》對六十四卦、三百八十四爻中「乾、坤
兩元」的解釋，對《易傳》的「易元」說做出一番歸納，於《周易姚氏學・
屯・象傳》案語「乾元交〈坤〉，出初成〈震〉，故始交。……變元言大者，
明乾元也。」下之小字曰：

> 〈乾・傳〉曰：「大哉乾元。」凡卦稱元爲「乾元」者，《傳》皆以
> 「大」贊之。〈屯〉、〈隨〉：「大亨貞」；〈臨〉、〈无妄〉、〈革〉：「大亨
> 以正」；〈升〉：「是以大亨」，皆言「大」以贊元，且以別坤元也。〈坤・
> 傳〉云：「乃順承天」，凡卦元謂坤元者，《傳》皆言其義，〈大有〉：
> 「應乎天而時行，是以元亨。」〈大有〉柔而得尊位，則元謂坤元也；
> 〈鼎〉：「柔進而上行，得中而應乎剛，是以元亨。」亦謂坤元。二
> 卦皆有順承天之義，〈蠱〉：「元亨而天下治。」並謂〈乾〉、〈坤〉之
> 元；〈損〉：「元吉」、「與時偕行」，亦並言〈乾〉、〈坤〉。〈比〉：「元
> 永貞」，《傳》曰：「以剛中」，則乾元也。爻辭稱「元」者，十有二：
> 〈坤・五〉、〈訟・五〉、〈履・上〉、〈泰・五〉、〈復・初〉、〈大畜・
> 四〉、〈離・二〉、〈損・五〉、〈益・初、五〉、〈井・上〉、〈渙・四〉，
> 稱「元永貞」者一：〈萃・五〉，各隨其爻辭解之。〔註71〕

年3月），頁480。

〔註70〕引自〔清〕姚配中撰：《周易姚氏學・坤・象傳》卷三【一經廬叢書本】，收
　　　　入《續修四庫全書・經部・易類》第30冊（上海：上海古籍出版社，2002年
　　　　3月），頁485～486。

〔註71〕引自〔清〕姚配中撰：《周易姚氏學・屯・象傳》卷四【一經廬叢書本】，收

姚配中整理《周易》六十四卦，凡是卦中提及「乾元」者，《易傳》皆以「大」
讚揚，例如〈屯〉、〈隨〉、〈臨〉、〈无妄〉、〈革〉、〈升〉等，而提及「坤元」
者，《易傳》卻僅僅解釋其意義，如〈大有〉、〈鼎〉等。《易傳》雖然不以「大」
贊坤元，但不論是乾元或坤元，皆有順應天道、隨時而行的涵義，如〈蠱〉、
〈損〉就兼備乾、坤兩元。然而，《易傳》對於卦中之「元」的部分，有上述
之凡例，但對十三則爻辭稱「元」者，卻沒有比較明顯的論述，只是隨其爻
辭而解之。

（四）乾元用九、坤元用六

姚配中以鄭玄的注解提出「乾元用九」一說〔註72〕，雖然《易傳》以及
漢、魏儒者早有「乾元用九」之語，但唐代之後留存的易類書籍中，恐怕唯
有姚配中強烈倡導此學說，其於《周易姚氏學·乾·用九》鉅細靡遺地解釋：

> 〈乾·用九〉：見羣龍无首，吉。
>
> 注：鄭康成曰：六爻皆體〈乾〉，羣龍之象也，舜既受禪，禹與稷、
> 　　契、咎繇之屬，並在於朝。
>
> 案：用九，乾元用九也。陽爻為九，元則用之，故見羣龍无首，謂
> 　　六爻為乾元所用，不為乾元之首，乾元亦不自用，而用六龍，
> 　　所謂「乾元用九，乃見天則」。四時者，天之用，非即天；六龍
> 　　者，乾元之用，非即乾元。聖人作《易》，託乾元之位於五，故
> 　　曰：與天地合德、日月合明、四時合序、鬼神合吉凶，先天、
> 　　後天，皆謂乾元，不專言五也。宁宸者，天子之位，非即天子；
> 　　五者，乾元之位，非即乾元。〔註73〕

姚配中以「乾元」為陽之始，「乾元」不自用而用六龍，〈乾〉卦六爻皆能從

入《續修四庫全書·經部·易類》第 30 冊（上海：上海古籍出版社，2002 年
3 月），頁 496。

〔註72〕 〈贊元〉：「鄭氏〈用九〉注云：『六爻皆體〈乾〉，羣龍之象也。舜既受禪，
禹與稷、契、咎繇之屬並在於朝。』是鄭氏以六爻為禹、稷諸人，而舜則〈用
九〉者，不在六爻之數，所謂〈乾〉元也。」引自〔清〕姚配中撰：《周易姚
氏學·序·贊元》卷首【一經廬叢書本】，收入《續修四庫全書·經部·易類》
第 30 冊（上海：上海古籍出版社，2002 年 3 月），頁 454。

〔註73〕 引自〔清〕姚配中撰：《周易姚氏學·乾·用九》卷一【一經廬叢書本】，收
入《續修四庫全書·經部·易類》第 30 冊（上海：上海古籍出版社，2002 年
3 月），頁 467～468。

之，故群龍無首，天之道也，此即〈文言傳〉所謂：「乾元用九，乃見天則。」
在姚氏的觀念中，《易傳》皆爲孔子所作，其認爲夫子雖將「乾元」之位立於
九五，但如此只是因爲《周易》以九五爲尊，故暫且寄託而已，如同四時運
行，實爲天之用，而不等同於天；〈乾〉六龍爲「乾元」之用，而非「乾元」
本身；天地中良善、美好的狀態，皆可謂之「乾元」，若把「乾元」之位拘泥
於五，未免太過狹隘。

　　由此敘述可知，《周易姚氏學》屢次言「乾元用九」，實際上是指「乾元」
之用六龍，而非指「乾元」之位。姚配中認爲「乾元」託位於五，但仍須發
用於用九，而後常存於六十四卦、三百八十四爻之中。從表面字義來看，「乾
元用九」之說，似乎不同於惠棟《周易述》所提倡的「初九乾元」之論，也
和張惠言《周易虞氏義》的「乾元常存」有所差異，但若是細讀《周易姚氏
學》，即可知姚配中攝取了惠氏「太極元氣，函三爲一」的宇宙觀，以及「元」
爲一、爲氣、爲天地之始（以「乾元」爲萬物資始）的易元論點；除了吸收
惠氏易學的義理內涵外，《周易姚氏學》的「乾元用九」之說，更是蘊含了張
惠言《周易虞氏義》的「乾元常存」之理。清末民初的尚秉和曾在〈《易學闡
元》提要〉一文對姚配中的易元理論提出批駁：

> 姚氏蓋泥於〈乾・初九〉：「潛龍勿用」之言，而元則萬物資始，非不
> 用也，故謂元自元，初九自初九。豈知〈復〉初即〈乾〉之初九，乾
> 元在初子勿用，息至二則用矣，即推而至於四躍、五飛，仍此元也，
> 與初九不異也。〈繫〉所謂周流六虛也，奈何欲析而二之乎？〔註74〕

尚氏認爲姚配中太過拘泥「潛龍勿用」之辭，視「元」與初九爲二物，乃不
知乾元在初只是潛藏，至二則用，至四而躍，至五而飛，未免不明〈繫辭下
傳〉：「爲道也屢遷，變動不居，周流六虛。」之理。〔註75〕尚氏大概是根據
姚配中《易學闡元・贊元》：「故既云加〈乾〉、〈坤〉二用，又云『潛龍勿用』，
指元爲說，即用九乾元，元藏中宮，萬物之始。非謂元用而初爻不用。惠氏棟因
荀義而以初九爲元、爲太極，未之審也。」〔註76〕此段而加以議論。姚氏此處確

〔註74〕引自中國科學院圖書館整理：《續修四庫全書總目提要【經部】・易類・《易學
　　　　闡元》三篇》上冊（北京：中華書局，1993年7月），頁107。

〔註75〕引自〔魏〕王弼、〔晉〕韓康伯注〔唐〕孔穎達等正義：《周易正義・繫辭下
　　　　傳》卷八，收入〔清〕阮元校勘：《十三經注疏》（臺北：藝文印書館，2007
　　　　年8月），頁173～174。

〔註76〕引自〔清〕姚配中撰：《姚氏易斅闡元・贊元》【花雨樓叢抄本】，收入《續修

實否定「初九乾元」之說，但這只是為了聲明乾元須在〈乾・用九〉方能發用，未有離析「元」與〈乾・初九〉之意，姚氏又曾於〈定名〉曰：「〈乾・初〉曰『潛龍』，〈坤・上〉曰『龍戰』，皆謂『元』也。」〔註77〕明言初九「潛龍」亦可謂「元」，如此看來，姚配中豈是不明「周流六虛」而視「元」與初九為二物者？尚氏此議，恐有失公允，且有斷章取義之嫌。

《周易姚氏學》以乾元用九，同樣亦以坤元用六，姚氏曾於〈贊元〉援引荀爽為說：「荀氏『大衍之數五十』，注云：『卦各有六爻，六八四十八，加〈乾〉、〈坤〉二用，凡有五十。〈乾・初九〉潛龍勿用，故用四十九。』其說五十，雖似與鄭異，鄭義以天地之數五十五，五行減五，故五十。似與荀異，但既減五，即以象八卦爻數及二用，義互相濟也。而云加〈乾〉、〈坤〉二用，則亦以乾元、坤元不在爻數，『用九』、『用六』，實有用之者矣。」〔註78〕指出「坤元用六」，又於〈定名〉曰：「是故乾元用九、坤元用六，一經皆九六，九六皆元之用，元即易也。」〔註79〕再度闡發「用九」、「用六」之說，而最詳明者，自然莫過於《周易姚氏學・坤・用六》下的案語：

> 乾元用九，坤元用六。用九君道，故物莫能先之；用六臣道，故利永貞。凝陽則龍戰，用六所以利永貞也。永，長；貞，正。謂成〈既濟〉，皆以陰從陽也，〈坤〉臣道，亦不自用，而用六。……大宰之職掌建邦之六典，則坤元之用六也，以佐王治邦國，則坤元之順承天也，周公其當之矣，若以妻道言，則後立六宮是也。〔註80〕

乾元為君道，統領天地萬物，故任何事物皆不能在其之前；坤元為臣道，應

四庫全書・經部・易類》第31冊（上海：上海古籍出版社，2002年3月），頁2。

〔註77〕引自〔清〕姚配中撰：《周易姚氏學・序・定名》卷首【一經廬叢書本】，收入《續修四庫全書・經部・易類》第30冊（上海：上海古籍出版社，2002年3月），頁463。

〔註78〕引自〔清〕姚配中撰：《周易姚氏學・序・贊元》卷首【一經廬叢書本】，收入《續修四庫全書・經部・易類》第30冊（上海：上海古籍出版社，2002年3月），頁454。

〔註79〕引自〔清〕姚配中撰：《周易姚氏學・序・定名》卷首【一經廬叢書本】，收入《續修四庫全書・經部・易類》第30冊（上海：上海古籍出版社，2002年3月），頁462。

〔註80〕引自〔清〕姚配中撰：《周易姚氏學・坤・用六》卷三【一經廬叢書本】，收入《續修四庫全書・經部・易類》第30冊（上海：上海古籍出版社，2002年3月），頁490。

順從乾元用九，故以長久持守正道為利。如同周公任職冢宰之時，掌國家之六典，權位僅在一人之下，此時更應自我堅貞，全力效忠君王，不可懷有任何私心。除此之外，姚配中又於〈定名〉曰：「五上之中，乾元託位；二下之中，坤元託位，二五相應，二而一者也。」〔註81〕一般而言，《周易》第五爻處天子之位，第二爻居卿大夫之位，君、臣之勢於此顯明，兩元各安其性、各守其職。《周易姚氏學》將「元」分為乾、坤兩元：「乾元用九」，象徵君王用六龍而不自用，《易傳》以「大」贊之；「坤元用六」，象徵宰相永遠效忠於君王，故亦不自用也。

（五）乾元潛伏於坤元之中

「易元」為《周易姚氏學》之核心，姚配中認為自初至終，無非「元」之所為，「元」雖無所不在，但也無聲、無臭〔註82〕，讓人難以察覺它的存在，遂使人日用而不知，曾於《周易姚氏學‧繫辭上傳》描寫「乾、坤兩元」曰：「二用无爻位，周流行六虛，往來既不定，上下亦无常，幽潛淪匿，變化於中，包囊萬物，為道紀綱，以无制有，器用者空。」〔註83〕又於〈贊元〉曰：「視之不見，聽之不聞，範圍不過，曲成不遺，在天成象，在地成形，見乃謂之象，形乃謂之氣，皆『元』也。」〔註84〕乾元用九，坤元用六，兩元皆不自用，不顯露於世，似乎潛藏於某處，姚氏便在〈贊元〉虛擬一名問者曰：「則『元』安在？」以此開始探討「易元」潛伏之處，並援引《易緯‧乾鑿度》：「〈乾〉、〈坤〉相竝俱生。」以及「〈乾〉、〈坤〉氣合戌亥。」兩句為釋〔註85〕，說明「坤元藏乾元」（乾元隱藏於坤元之中）之理，並以此為

〔註81〕 引自〔清〕姚配中撰：《周易姚氏學‧序‧定名》卷首【一經廬叢書本】，收入《續修四庫全書‧經部‧易類》第 30 冊（上海：上海古籍出版社，2002 年 3 月），頁 462。

〔註82〕 參閱〔清〕姚配中撰：《周易姚氏學‧序‧釋數》卷首【一經廬叢書本】，收入《續修四庫全書‧經部‧易類》第 30 冊（上海：上海古籍出版社，2002 年 3 月），頁 458。

〔註83〕 引自〔清〕姚配中撰：《周易姚氏學‧繫辭上傳》卷十四【一經廬叢書本】，收入《續修四庫全書‧經部‧易類》第 30 冊（上海：上海古籍出版社，2002 年 3 月），頁 649。

〔註84〕 引自〔清〕姚配中撰：《周易姚氏學‧序‧贊元》卷首【一經廬叢書本】，收入《續修四庫全書‧經部‧易類》第 30 冊（上海：上海古籍出版社，2002 年 3 月），頁 455。

〔註85〕 兩句分別對照〔漢〕鄭玄注：《周易乾鑿度》卷下，收錄於上海古籍出版社編：《緯書集成》上冊（上海：上海古籍出版社，1994 年 6 月），頁 52、54。

「太極」。〔註86〕《周易姚氏學》又沿用《易緯》此說，於〈贊元〉云：

> 乾元藏於坤元中也。乾元爲精，陰凝焉，謂之血，虞氏所謂「〈坤〉含光大，凝〈乾〉之元。」以〈坤〉牝陽者也，其於爻則伏於初。初者，卦之極下而極中者也，伏而未發，是爲幾、爲賾。虞氏〈大過・象傳〉注云：「初陽伏〈巽〉中，體復一爻，潛龍之德。」又「其益无方」注云：「陽在〈坤〉初爲无方。」「寂然不動」注云：「隱藏〈坤〉初，機息矣。專，故不動者也。」據虞諸注，則其所謂〈復〉初乾元，謂始伏〈復〉初，非已著成爻象明矣，所謂在〈坤〉初伏〈巽〉中也。〔註87〕

〈復〉上卦爲〈坤〉，下卦爲〈震〉，全卦僅存初九爲陽，陽氣於此伏而未發。姚配中列舉多則虞翻易說，以證「〈復〉初乾元」之理，認爲易氣從下生，元隱伏於初，陽氣起於〈復〉初，「伏」表不可見，故知其未成爻象，「〈坤〉初伏於〈巽〉中」亦爲同理。坤元託位於六二，立中央，爲中央之宮，乃四方之所交會〔註88〕，最適合作爲陽氣出入之地，乾元即隱藏於坤元之中。乾元何以隱伏於坤元？爲何中央利於乾元潛藏？此在姚配中《周易通論月令》中有較詳盡的解說：「蓋中央者，四方之所交會：將生者出，將歸者入，德合无疆，而無時不在者，故曰『中央土』，明其爲五行之主，居中央而統四方也，此坤元之藏乾元者也。……元位中央，藏于戊己，則明堂之大廟、大室也。」〔註89〕明堂之位爲天子之居，乾元爲天地之君，自當居之。況且，若當「乾元用九」，發用之時，理當處於天下中心的位置爲佳，故以坤元所在的中央土爲最恰當的潛伏場所。

清末民初的王欣夫於《蛾術軒篋存善本書錄・《周易姚氏學》提要》曰：

〔註86〕參閱〔清〕姚配中撰：《周易姚氏學・序・贊元》卷首【一經廬叢書本】，收入《續修四庫全書・經部・易類》第30冊（上海：上海古籍出版社，2002年3月），頁456～457。

〔註87〕引自〔清〕姚配中撰：《周易姚氏學・序・贊元》卷首【一經廬叢書本】，收入《續修四庫全書・經部・易類》第30冊（上海：上海古籍出版社，2002年3月），頁456～457。

〔註88〕參閱〔清〕姚配中撰：《周易姚氏學・序・釋數》卷首【一經廬叢書本】，收入《續修四庫全書・經部・易類》第30冊（上海：上海古籍出版社，2002年3月），頁459。

〔註89〕引自〔清〕姚配中撰：《周易通論月令》卷一【一經廬叢書本】，收入《續修四庫全書・經部・易類》第30冊（上海：上海古籍出版社，2002年3月），頁692。

「以乾元爲在坤元中，係《歸藏》首〈坤〉之義，非《周易》首〈乾〉之旨。」
〔註90〕認爲姚氏以乾元隱伏於坤元，已失通行本《周易》首〈乾〉之大旨。
此語恐怕誤解姚配中的本意，筆者便援引前已引述過的《周易姚氏學・坤・
用六》案語澄明其意：「乾元用九，坤元用六。用九君道，故物莫能先之；用
六臣道，故利永貞。」〔註91〕是知姚氏以用九爲君道、以用六爲臣道，臣不
可先於君，所謂「乾元潛伏於坤元之中」，是指用九潛藏，而非表示坤元反爲
之首。姚配中之所以提出此說，除了坤元處於四方之所交會的「中央土」位
置外，其實還擁抱著「無爲而天下治」的理想情懷，見《周易姚氏學・坤・
用六・象傳》：

　　〈象〉曰：用六永貞，以大終也。

　　案：〈坤〉之用六，以從陽也；相之御眾，以從君也，故曰「以大終」，
　　　　成〈既濟〉，從陽以終也。太宰之職，歲終則令百官府各正其治、
　　　　受其會、聽其致事，而詔王廢置，三歲則大計羣吏之治，而誅
　　　　賞之，百官正，所謂永貞也。帥其屬，用六永貞也。帥其屬以
　　　　佐王，以大終也。若此，則君可无爲而治矣。〔註92〕

坤元用六，從用九之君，任太宰之職，在其管理下，朝廷內政優異、百官又
能各自持守正道。用六永貞，若坤元能率領部屬永恆堅貞地輔佐君王，即象
徵著〈既濟〉，乃易中最美善的狀態（在姚氏易學的範疇中，〈既濟〉之生成，
皆爲陰遵從陽），若能達到如此境界，乾元之君自然可以無爲而治。

第二節　訓釋文字以融入象數體系

　　清代的惠棟曾說：「漢人通經有家法，故有五經師。訓詁之學，皆師所口
授，其後乃著竹帛，所以漢經師之說，立於學官，與經並行。五經出於屋壁，

〔註90〕引自王欣夫撰：鮑正鵠、徐鵬標點整理：《蛾術軒篋存善本書錄・癸卯稿卷一・
　　　　《周易姚氏學》十六卷》上冊（上海：上海古籍出版社，2008 年 4 月），頁
　　　　703。
〔註91〕引自〔清〕姚配中撰：《周易姚氏學・坤・用六》卷三【一經廬叢書本】，收
　　　　入《續修四庫全書・經部・易類》第 30 冊（上海：上海古籍出版社，2002 年
　　　　3 月），頁 490。
〔註92〕引自〔清〕姚配中撰：《周易姚氏學・坤・用九・象傳》卷三【一經廬叢書本】，
　　　　收入《續修四庫全書・經部・易類》第 30 冊（上海：上海古籍出版社，2002
　　　　年 3 月），頁 491。

多古字、古言，非經師不能辨。經之義存乎訓，識字審音乃知其義，是故古訓不可改也，經師不可廢也。」〔註93〕據惠氏所言，漢代經師多長於訓詁，有其家法之承。五經義理存於古代文字之中，不通訓詁者，難以解讀五經文字、不明五經精義，是以近人錢鍾書亦云：「乾嘉『樸學』教人，必知字之詁，而後識句之意；識句之意，而後通全篇之義，進而窺全書之指。」〔註94〕姚配中致力漢易研究，自然熟知訓詁的重要性，更在《周易姚氏學》中多次探求字義的本源爲釋。訓詁本爲清代學者普遍使用的治學方法之一，不足爲奇，但姚氏卻在訓釋的過程中，將「文字」〔註95〕融入象數易的邏輯，使之沾染象數神秘化、複雜化的傾向，見《周易姚氏學‧釋數》對「十」的解釋：「陽升爲⊥，降爲丁，⊥、丁合，是爲十。十者何？一陰而一陽，一縱而一橫也。一縱一橫，陰陽交，故易爻取相交之義焉。」〔註96〕把「十」從字體的一縱一橫，轉化爲易爻一陰一陽相交之義。藉由探究文字本旨的方式，賦予其「數術」〔註97〕的內蘊，使文字進而成爲象數易學體系的一部份，類似的模式，在《周易姚氏學》內容裡多處可見，實可謂姚氏易學的特色之一，本節即就此探討之。

〔註93〕引自〔清〕惠棟撰：《九經古義‧九經古義述首》【貸園叢書本】，收入《叢書集成初編》（北京：中華書局，1985 年），頁 1。

〔註94〕錢鍾書著：《管錐編‧左傳正義‧隱公元年》，收入《錢鍾書作品集》6～①（北京：書林出版有限公司，1990 年 8 月），頁 171。

〔註95〕本節的第二、第三小節會將「文字」、「數字」分開來討論，此僅是爲了論述分類上的方便。若無特別註明，在本研究一般的行文上，「文字」仍包含了一、二、三、四……九、十等數字。

〔註96〕引自〔清〕姚配中撰：《周易姚氏學‧序‧釋數》卷首【一經廬叢書本】，收入《續修四庫全書‧經部‧易類》第 30 冊（上海：上海古籍出版社，2002 年 3 月），頁 459～460。

〔註97〕歷代學者多曾論及「術數」與「數術」兩詞，而兩者內涵確實有所不同：「術數」一詞爲法家所用，乃君主統御之術，用以駕馭臣民；「數術」則爲易學家、陰陽家、占筮家所用，爲數量的計算及推算的技巧，之後引申爲推斷未知事物及未來變化的技術。《漢書》中有〈數術略〉，此時的「術數」與「數術」兩詞尚有明顯區分，但其後法家的「術數」義逐漸消失，「術數」一詞轉而被數家使用，因而造成混淆，所以後代文獻時常會出現通用「術數」、「數術」兩詞的現象。或許古代大部分的學者仍然可以自行分辨，故歷來不見對此兩名義的相關討論，直至近代，曾聖益先生專行撰文釐清兩詞，遂使兩者的源流與差異顯見於世。內容請參閱曾聖益：〈「數術」與「術數」之名義辨析〉，《輔仁國文學報》總第 30 期（2010 年 4 月），頁 65～80。

一、漢代方術之學對文字的雜染

晚清的皮錫瑞對漢代經學現象，有一段精闢的描述，見《經學歷史‧經學極盛時代》：「漢有一種天人之學而齊學尤盛。《伏傳》五行，《齊詩》五際，《公羊春秋》多言災異，皆齊學也。《易》有象數占驗，《禮》有明堂陰陽，不盡齊學，而其旨略同。當時儒者以爲人主至尊，無所畏憚，借天象以示儆，庶使其君有失德者猶知恐懼修省。此《春秋》以元統天、以天統君之義，亦《易》神道設教之旨。」〔註98〕皮氏引述多方例證，將陰陽五行、方術之學對漢代經學的影響，以及當世儒者之所以如此頻繁使用這些「非正統學說」的原因，說明得頗爲完備。由於漢代經師們重視、擅長訓詁之學，因此時常在有意無意間，把陰陽、五行、天象等概念混入訓釋經書文字的內容，造成大量方術雜說混入注解經書的文字中。

鄭吉雄先生曾云：「西漢時期數字觀念繼續朝向神祕化、複雜化的方向發展，以卦氣觀念爲核心的思想影響所及，幾無處不在。《春秋繁露》、《史記》、《白虎通義》、《易緯》等幾種文獻的數字思想以及鄭玄的經注都反映了此一情況。」〔註99〕由鄭先生之語可知漢人的數字觀帶有神秘化的傾向。若再深入考察，即可發現：漢代文獻並不只是數字，就連文字也多多少少摻雜了方術的色彩。此現象又以許慎的《說文解字》〔註100〕最爲明顯，見其對「日」、「月」兩字的注解：「日，實也，太易之精不虧，从○一，象形。」〔註101〕、「月，闕也。太陰之精，象形。」〔註102〕用陰、陽精氣解釋「日」、「月」兩字；再看《說文》釋「心」之語：「心，人心，土臧也，在身之中，象形。」〔註103〕「土」爲「五行」之一，許氏以五行性質來解說「心」字，《說文》另處又言：「腎，水臧也。」、「肺，金臧也。」、「脾，土藏也。」、「肝，木

〔註98〕引自〔清〕皮錫瑞撰〔民國〕周予同注釋：《經學歷史‧經學極盛時代》【四部刊要本】（臺北：漢京文化事業，1983 年 9 月），頁 106。

〔註99〕引自鄭吉雄：〈中國古代形上學中數字觀念的發展〉，《周易研究》總第 79 期（2006 年 10 月第 5 期），頁 17。

〔註100〕以下多處省稱《說文解字》爲《說文》。

〔註101〕引自〔漢〕許慎撰，〔清〕段玉裁注：《新添古音說文解字注‧第七篇上‧日部》（臺北：洪葉文化，2001 年 10 月），頁 305。

〔註102〕引自〔漢〕許慎撰，〔清〕段玉裁注：《新添古音說文解字注‧第七篇上‧月部》（臺北：洪葉文化，2001 年 10 月），頁 316。

〔註103〕引自〔漢〕許慎撰，〔清〕段玉裁注：《新添古音說文解字注‧第十篇下‧心部》（臺北：洪葉文化，2001 年 10 月），頁 506。

藏也。」〔註 104〕以五行比附人體五臟；甚至連對穀物的敘述也是如此，見《說文》釋「麥」字：「麥，金。金王而生，火王而死。」〔註 105〕以及「禾」字：「禾，木也；木王而生，金王而死。」〔註 106〕許氏被時人稱譽爲「五經無雙」，爲當世知名經學家，因五經傳說臧否不同，於是作《說文解字》十四篇〔註 107〕，一名經學大師所撰寫的字書竟然出現如此多陰陽五行思想，漢代陰陽五行的風行盛況，以及經學沾染方術雜說的程度，由此可見一斑。

除了許氏《說文》之外，漢代亦有不少經學家把方術、數術的觀念，帶到文字的考據與訓釋中，又因爲《周易》原本就屬於卜筮之書，促使神秘氣息顯得格外濃厚，故兩漢易學家在訓釋《周易》經傳文字的過程中，很難不受到陰陽五行與方術的影響，而此風氣又延續到魏晉，是以魏晉南北朝時期的易學家亦多留有此風，以下用表格的方式，列舉數例爲說（請參見表十）：

表十、摻染陰陽五行與象數的漢、魏《易》解

《周易》原文〔註 108〕	注釋者	注　解	徵引出處〔註 109〕
〈蠱〉：「先甲三日，後甲三日」	馬融	甲在東方，〈艮〉在東北，故云「先甲」；〈巽〉在東南，故云「後甲」。所以十日之中，唯稱「甲」者，甲爲十日之首，〈蠱〉爲造事之端，故舉初而明事始也。	《周易集解》

〔註 104〕「腎」、「肺」、「脾」、「肝」四字的《說文》注解，同出於〔漢〕許慎撰，〔清〕段玉裁注：《新添古音說文解字注‧第四篇下‧肉部》（臺北：洪葉文化，2001年 10 月），頁 170。

〔註 105〕引自〔漢〕許慎撰，〔清〕段玉裁注：《新添古音說文解字注‧第五篇下‧麥部》（臺北：洪葉文化，2001 年 10 月），頁 234。

〔註 106〕引自〔漢〕許慎撰，〔清〕段玉裁注：《新添古音說文解字注‧第七篇上‧禾部》（臺北：洪葉文化，2001 年 10 月），頁 323。

〔註 107〕參閱〔南朝宋〕范曄撰〔唐〕李賢等注：《後漢書‧儒林列傳第六十九》卷七十九，收入《新校本廿五史‧後漢書》第 5 冊（臺北：史學出版社，1974 年 5 月），頁 2588。

〔註 108〕《周易》文句援引版本爲〔魏〕王弼、〔晉〕韓康伯注〔唐〕孔穎達等正義：《周易正義》，收入〔清〕阮元校勘：《十三經注疏》（臺北：藝文印書館，2007 年 8 月）。

〔註 109〕其中《周易集解》的使用版本爲〔唐〕李鼎祚輯：《周易集解》【學津討原本】；《周易鄭注》則爲〔漢〕鄭玄注〔宋〕王應麟輯〔清〕丁杰、張惠言等校訂：《周易鄭注》【湖海樓叢書影印本】，兩者皆收入《叢書集成初編》（北京：中華書局，1985 年）。

〈繫辭上傳〉：「精氣爲物，遊魂爲變。」	鄭玄	精氣，謂七、八也；遊魂，謂九、六也。七、八，木、火之數也；九、六，金、水之數。木、火用事而物生，故曰「精氣爲物」；金、水用事而物變，故曰「遊魂爲變」。	《周易鄭注》
〈夬・九五〉：「莧陸夬夬」	荀爽	莧者，葉柔而根堅且赤，以言陰在上六也。陸亦取葉柔根堅也，去陰遠，故言「陸」，言差堅于莧。莧根小，陸根大。五體〈兌〉柔居上，莧也；三體〈乾〉剛，在下根深，故謂之「陸」也。	《周易集解》
〈小過・六二〉：「過其祖，遇其妣。」	虞翻	「祖」稱祖母，初也。母死稱「妣」，謂三。〈坤〉爲喪爲母，折入〈大過〉死，故稱「祖妣」也。二過初，故「過其祖」。五變，三體〈姤〉遇，故「遇妣」也。	《周易集解》
〈繫辭下傳〉：「男女構精，萬物化生。」	干寶	男、女猶陰、陽也，故萬物化生不言陰、陽，而言男、女者。	《周易集解》

從上表可證，漢、魏易學家在注解《周易》經、傳的文字時，多少會摻雜陰陽五行、方術等觀念。姚配中博覽群籍，鑽研漢易不遺餘力，更在《周易姚氏學》詳加考究漢、魏易家之長，如此偏愛漢易者，豈能夠不受到漢代陰陽五行、方術雜說等「非正統學說」的影響？筆者試著找出《周易姚氏學》裡面被融入象數的訓釋文字，並將之分爲「文字」與「數字」兩部份，於下文論述。

二、《周易姚氏學》文字象數化

　　字有本義、有引申義。在漢易範疇之中，《周易》經傳文字除了本義之外，大多隱含了天文曆數、陰陽五行等象數易學脈絡的引申義，姚配中只是藉由訓詁的研究模式，把這些文字裡潛藏的象數意旨加以說明。雖然有些被姚氏訓詁出來的引申字義，會讓人感到過於穿鑿附會，但在當時漢學風氣的影響下，訓釋文字且將之融入象數易說，已成爲《周易姚氏學》的特色之一，不能不在此略爲介紹。首先列舉《周易姚氏學・繫辭下傳》的「材」字爲例：

　　〈繫辭下傳〉：象者，材也。

　　案：「材」、「才」、「哉」通，始也、本也。卦首六畫未變曰「材」，
　　　　由畫而變爲九六，則曰爻。〈象〉說六畫，故曰「材」也，此解

> 卦辭之稱〈彖〉也。《說文》云：「艸木之初也。」《論語》：「無所取材。」
> 鄭注云：「古字『材』、『哉』同耳。」案：「哉」即「才」。〈釋詁〉云：「哉，
> 始也。」虞云：「〈彖〉說三才。」則虞本作「才」，不作「材」。畫者卦氣初
> 兆，故曰「材」。〔註110〕

此處徵引《論語》、鄭氏《易》注、虞氏《易》注等說，以訓「材」、「才」、「哉」
三字相通。《說文》曰「材」為「艸木之初」，《爾雅・釋詁》云：「哉，始也。」
故「材」亦有初始之意。姚氏便將之解釋為「畫者卦氣初兆」，為「卦首六畫
未變」的狀態，把「材」為「艸木之初」的本義與象數易學連接。接著看姚
配中解釋傳說中畫八卦的上古帝王「庖犧」兩字：

〈繫辭下傳〉：古者庖犧氏之王天下也。

> 案：「庖犧」通作「包義」。《釋文》云：「包」本又作「庖」，「犧」字
> 又作「義」。包陰包陽，乾元之伏也。義，氣也。《說文》云：「包，
> 象人裹妊，巳在中，象子未成形也。元氣起於子。子，人所生也，男左行三十，
> 女右行二十，俱立於巳，為夫婦。裹妊於巳，巳為子，十月而生，男起巳至寅，
> 女起巳至申，故男年始寅，女年始申也。」又云：「義，氣也。」〔註111〕

姚配中率先援引《經典釋文》說明「庖犧」為「包義」的本字，後世通稱「包
義」，而後皆以「包」、「義」兩字解說。姚氏於〈釋數〉一篇曾以「包」字為
陰（勹）包陽（巳），十月陽伏而陰妊，陽之屈曲於中也，屢用「龍蛇之蟄以
存身」等陰陽五行之語來解釋「包」字。〔註112〕此處詳明「包」字象人裹妊，
「巳」為子，被「勹」包藏於其中，如同嬰孩尚未成形，元氣之所起，代表
地支之首位「子」，陽氣順行，陰氣逆行，陽自「子」順行三十為「巳」，陰
自「子」逆行二十亦為「巳」，俱立而結合為夫婦，故裹妊於「巳」。懷胎十
月而生，男子屬陽，自「巳」順行十地支為「寅」；女子屬陰，自「巳」逆行
十地支為「申」，故曰「男年始寅，女年始申」，皆以象數理則說之。相對上，

〔註110〕引自〔清〕姚配中撰：《周易姚氏學・繫辭下傳》卷十五【一經廬叢書本】，
收入《續修四庫全書・經部・易類》第30冊（上海：上海古籍出版社，2002
年3月），頁656。

〔註111〕引自〔清〕姚配中撰：《周易姚氏學・繫辭下傳》卷十五【一經廬叢書本】，
收入《續修四庫全書・經部・易類》第30冊（上海：上海古籍出版社，2002
年3月），頁653。

〔註112〕參閱〔清〕姚配中撰：《周易姚氏學・序・釋數》卷首【一經廬叢書本】，收
入《續修四庫全書・經部・易類》第30冊（上海：上海古籍出版社，2002
年3月），頁458。

姚氏對「羲」字的訓詁就顯得太過簡單，完全依照許氏《說文》：「羲，氣也。」一語爲注解，卻沒有交代爲何以「羲」字爲氣？在論述上稍嫌不足。姚氏在《周易姚氏學・釋數》又舉「屯」、「乙」、「∩」、「○」等字，表示〈乾〉爲天、爲圓〔註113〕，並以「易」字從日月，象陰陽之義配之。〔註114〕可見姚配中釋《易》時，經常以訓詁文字的方式，找出文字的形體、引申義，再將之與象數易說互相結合。

姚配中將文字融入象數之目的，不僅僅只是要用來注解《周易》經、傳文句，更是爲了要輔助自己易學的「易元」理論，在這方面最明顯的例子應是「王」字，例如《周易姚氏學》卷首三篇就大量援引《說文》及《春秋繁露》釋「王」之語，以作爲「元」的譬喻，見《周易姚氏學・定名》曰：

> 一經之卦各六爻，六爻者，三極之道而元用之，是元之以一貫三矣。《說文》云：「王，天下所歸往也。」董仲舒曰：「古之造文字者，三畫而連其中，謂之王。三者，天、地、人也，而參通之者，王也。」孔子曰：「一貫三爲王。」〈王部〉文。用是例焉，則元之爲元，其用九而用六者，亦貫之而已矣。董子曰：「王者，人之始。」〈王道〉文。又曰：「君者，國之元。」〈立元神〉文。六官之屬三百六十，王爲之元；六十四卦三百八十四爻，元爲之君也。〔註115〕

以一直線連三橫畫，即成「王」字，表示君王貫通天、地、人三者〔註116〕，董仲舒以君王爲人之始、國之元〔註117〕，相當於《周易》六爻之「三才」〔註

〔註113〕參閱〔清〕姚配中撰：《周易姚氏學・序・釋數》卷首【一經盧叢書本】，收入《續修四庫全書・經部・易類》第 30 冊（上海：上海古籍出版社，2002年 3 月），頁 458。

〔註114〕參閱〔清〕姚配中撰：《周易姚氏學・序・定名》卷首【一經盧叢書本】，收入《續修四庫全書・經部・易類》第 30 冊（上海：上海古籍出版社，2002年 3 月），頁 463。

〔註115〕引自〔清〕姚配中撰：《周易姚氏學・序・定名》卷首【一經盧叢書本】，收入《續修四庫全書・經部・易類》第 30 冊（上海：上海古籍出版社，2002年 3 月），頁 462。

〔註116〕此概念可見於董仲舒：「古之造文者，三畫而連其中，謂之王。三畫者，天地與人也，而連其中者，通其道也。取天地與人之中以爲貫而參通之，非王者孰能當是？」引自〔清〕蘇輿撰，〔民國〕鍾哲點校：《春秋繁露義證・王道通三》卷十一（北京：中華書局，2010 年 1 月），頁 328～329。

〔註117〕董仲舒曰：「元者，始也，言本正也。道，王道也。王者，人之始也。」又言：「君人者，國之元，發言動作，萬物之樞機。」分別引自〔清〕蘇輿撰，〔民國〕鍾哲點校：《春秋繁露義證・王道第六、立元神第十九》卷四、卷六（北

118〕，象徵「易元」亦以一貫通天、地、人三者，爲六十四卦、三百八十四爻之君。姚配中又曾把《周易》中的「无」字與易元之說相聯繫，此見於《周易姚氏學‧繫辭上傳》：

〈繫辭上傳〉：《易》，无思也，无爲也，寂然不動，感而遂通天下之故。非天下之至神，其孰能與於此？

案：《易》者，卦、爻之樞極，是曰『大極』。視之不見，聽之不聞，循之不得……。《說文》云：「无，奇字無也，通於元者。」王育說：「天屈西北爲无。」案：天屈西北，乃乾元之藏。所謂「元」也，寂然不動者也，《老子》云：「玄之又玄，眾妙之門。」其義本《易》。「无」通於「元」，故《易》凡有无字，皆作「无」，善則本其始，惡則絕其根也。〔註119〕

「无」爲「無」的奇字，《說文》言其通於元，晉朝王育以「天屈西北」爲「无」，爲乾元潛藏之處。姚配中徵引《老子‧第一章》結語，把自己的「易元」，比作老子的「玄」，再將「元」與「无」相通，故以「无」爲「元」、爲「玄」，寂然不動，感而遂通，亦可謂眾妙之門。根據姚氏的說法，《周易》的中心思想在於「元」，而「元」、「无」兩字相通，是知「无」字被姚氏納進自己的象數易學體系之中，在此脈絡下，「无」字與「無」字二者已不盡相同，故曰《周易》經、傳中的「无」字，應皆作「无」，不可隨意調換。

三、《周易姚氏學》數字數術化

《周易姚氏學‧釋數》曰：「天一、地二、天三、地四、天五、地六、天七、地八、天九、地十，十亦一也。以一始，以一終，自一至十，不過因始、壯、究而易其名耳。」〔註120〕說明一、二、三、四、五、六、七、八、九、

京：中華書局，2010 年 1 月），頁 100〜101、頁 166。

〔註118〕 〈繫辭上傳〉：「六爻之動，三極之道也。」〈繫辭下傳〉：「《易》之爲書也，廣大悉備。有天道焉、有人道焉、有地道焉。兼三才而兩之，故六。六者非它也，三材之道也。」三極便是三才。引自〔魏〕王弼、〔晉〕韓康伯注，〔唐〕孔穎達等正義：《周易正義‧繫辭上下》卷七、八，收入〔清〕阮元校勘：《十三經注疏》（臺北：藝文印書館，2007 年 8 月），頁 146、175。

〔註119〕 引自〔清〕姚配中撰：《周易姚氏學‧繫辭上傳》卷十四【一經盧叢書本】，收入《續修四庫全書‧經部‧易類》第 30 冊（上海：上海古籍出版社，2002 年 3 月），頁 643〜644。

〔註120〕 引自〔清〕姚配中撰：《周易姚氏學‧序‧釋數》卷首【一經盧叢書本】，收入《續修四庫全書‧經部‧易類》第 30 冊（上海：上海古籍出版社，2002

十,這十個數字,本質大致相同,只是因「始」、「壯」、「究」等變化而更改名義。姚配中又特別重視「一」字,認為「一」乃始終性、根源性的存在,可謂數字之原、萬物之統,遂以「元」為「一」為「易」,直接以「一」為陰、陽元氣之合,稱其為「太極」〔註121〕,其中陰陽卦氣、五行方位等數術之說摻雜的情形顯而易見。那麼,〈釋數〉言:「十亦一也」,所憑據者為何?姚氏於下亦有解釋:

> 陽始於一,其動也直,｜是也;陰始於一,其動也闢,二是也。以
> ｜遇一,貫而成十,始於一,終於十,十則五行生、成之數備矣。《說
> 文》云:「十,數之具也,一為東西,｜為南北,則四方中央備矣。」
> 案:一至五,五行生數;六至十,五行成數。陽動也,直在地上為
> 上,在地下為丁,貫地中通上、下則為十,為中,皆｜也。《說文》
> 云:「上,高也。丁,底也。中,內地。從口｜,通上下。」〔註122〕

姚氏徵引《說文》說明「一」為陽之始,「｜」為陽之動。「｜」在地上則向上出頭,在地下則向下深入。數字「十」為東、西向的「一」及南、北向的「｜」相貫而成,為五行生、成數之備。此段將「十」拆解為「陽之始與動」、「方位之東西方與南北方」、「五行之生數與成數」三類,把「十」從字體的一縱一橫,附會為《易》爻陰陽相合之意。除了「一」與「十」之外,「七」、「八」、「九」、「六」分別是《周易》的「少陽」、「少陰」、「老陽」、「老陰」〔註123〕,故此四個數字本身早已含蘊陰、陽氣說和五行相生的數術色彩,因而備受歷代易學家注意。姚配中亦為相當重視《周易》中「七、八、九、六」四

年3月),頁457。

〔註121〕有關《周易姚氏學》對數字「一」的描述,請參閱本章第一節第二小節〈對「易元」的建構與開發·「元」為「一」為「易」〉。

〔註122〕引自〔清〕姚配中撰:《周易姚氏學·序·釋數》卷首【一經廬叢書本】,收入《續修四庫全書·經部·易類》第30冊(上海:上海古籍出版社,2002年3月),頁458。

〔註123〕姚配中曰:「大衍之數四十九,其揲之以四者,本數也;所歸者,餘數也。三變所歸之餘,共十三,則本數存三十六,以四揲之,適九,老陽也;三變所歸之餘,共二十五,則本數二十四,以四揲之,適六,老陰也;若餘共二十一,則本數二十八,以四揲之,適七,少陽也;餘共十七,則本數三十二,以四揲之,適八,少陰也。此數所以用七、八、九、六,其策數皆四揲之,實數也。」引自〔清〕姚配中撰:《周易姚氏學·繫辭上傳》卷十四【一經廬叢書本】,收入《續修四庫全書·經部·易類》第30冊(上海:上海古籍出版社,2002年3月),頁641。

個數字的易學家，見《周易姚氏學・繫辭上傳》：

〈繫辭上傳〉：是故四營而成《易》。

注：荀爽曰：營者，謂七、八、九、六也。案：《太玄・玄圖》云：「極
為九營。」《太玄》自一至九為九營，則「七、八、九、六」為四營可知，《太
玄》義本此。陸績以分二掛一揲四歸奇為四營。案：再扐後卦，不止於四，
且云成《易》，自宜謂七、八、九、六。下云十有八變成卦，則爻凡三變，非
四營。案：營，度也。「七、八、九、六」，出於營度，故曰「營」。
一經卦、爻皆七、八、九、六。「七、八、九、六」，所以行鬼
神，故成《易》。〔註124〕

姚氏用《太玄》之「九營」為一到九的概念，推論「七、八、九、六」四個
數字為「四營」，又另外舉出陸績以「分二掛一揲四歸奇」為「四營」。荀爽
曾經注解「七、八、九、六」為「營」，卻沒有解釋緣由，姚配中便補充荀氏
之意：由於「七、八、九、六」出於「營度」，因此荀氏直接稱之為「營」。《周
易》六十四卦、三百八十四爻，基本上皆為「七、八、九、六」所組成，此
即所謂「七、八、九、六」行鬼神、成《周易》也。

《周易姚氏學》卷首的〈釋數〉一篇，囊括了姚配中對「一」、「二」、「三」、
「六」、「七」、「八」、「九」、「十」這八個數字的注解。而「七」、「八」、「九」、
「六」這四個數字的闡釋內容，也是以〈釋數〉一篇解釋得最為詳明，見姚
氏對數字「六」的剖析：

一者，陽也；亥者，荄也。戌、亥之交，〈乾〉位在焉，於時為冬，
陰盛於上，數為六。六從入、從八，從入者，極將返也；從八者，
陽將升也。於時龍戰于野，陰、陽接壬，妊而子滋，周而復始矣。

〔註125〕

陰氣盈滿於上，季節為冬，代表數字為「六」。姚氏訓釋「六」，言其從「入」
或從「八」，從「入」則至極而返，從「八」則陽氣升。六龍與陰交戰於野，
陰、陽相交於壬，妊而子滋，周而復始，循環不已。〈釋數〉又特別介紹「七」、

〔註124〕引自〔清〕姚配中撰：《周易姚氏學・繫辭上傳》卷十四【一經盧叢書本】，
收入《續修四庫全書・經部・易類》第30冊（上海：上海古籍出版社，2002
年3月），頁641。

〔註125〕引自〔清〕姚配中撰：《周易姚氏學・序・釋數》卷首【一經盧叢書本】，收
入《續修四庫全書・經部・易類》第30冊（上海：上海古籍出版社，2002
年3月），頁460。

「八」、「九」、「十」四個數字的生成：

> 陽由下生，陰自上降，故爲寅、爲甲。由寅甲而卯乙，乙象陽生，
> 卯象陰闢，以丨交一，變而成七。陽雖升，其未升者仍曲尾也，故
> 七陽上升，則陰氣分別而降。―― 變爲八，八，別也，――之變也。
> 正東〈震〉，少陽七位焉；東南〈巽〉，少陰八伏焉。陽氣究於九，
> 九者，升極而還復之形也。於時建巳，陽究於外，陰屈於中，陽極
> 將入，是爲丙巳，純陽之月。九，老陽之數，九也者，一之究也。
> 至午陰生，夏至離，陰、陽始遇，交爲乂，陰欲上，陽欲下，故交，
> 皆衰出。乂轉而爲十，陽直下行，陰見地面也，是爲十。十者，〈乾〉、
> 〈坤〉之合也。〔註126〕

陽始於一，其動也直；陰始於一，其動也闢。以丨遇一，兩者相貫而成十，
今變而成七，故仍有未升之陽氣，因其曲尾，故七陽上升，說明「七」爲丨
與一相交之變化而成，其使陰氣分別降下；「八」者爲別，乃陰爻「――」之
變，爲少陰之象；陽氣究於九，故「九」爲老陽，代表數之極、一之究；陽
氣盛極而轉衰，午時陰氣生，陰上行、陽下降，兩者遇而交，故爲「乂」。成
「乂」之後，陽氣直下行，陰氣見地面，轉而爲「十」，所謂〈乾〉、〈坤〉之
合也。此段鉅細靡遺地解釋了「七」、「八」、「九」、「十」的生成順序與關係，
而姚氏對此四個數字的訓釋，可謂句句不離數術之說。〈釋數〉又另外解釋數
字「三」：

> 十一月一陽生，據其初生之形，是爲小，所謂〈復〉小而辯於物，
> 陰陽之物辯之於早也。至〈艮〉東北，陽浸長，陰分爲二。陽從中
> 生，是爲三，中一陽而外二陰。〔註127〕

「三」者，中間一陽爻，而上、下都是陰爻。十一月的消息卦爲〈復〉卦，〈復〉
僅初九爲陽，其餘皆陰爻，代表陽氣初生，此時尚且可辯陰、陽之物。直到
〈艮〉東北，陽浸長，陰氣分爲二，陽氣從中間生成，最終形成「三」。是知
《周易姚氏學》以「陰分爲二，陽從中生」訓釋「三」字，姚配中以同樣的

〔註126〕引自〔清〕姚配中撰：《周易姚氏學・序・釋數》卷首【一經廬叢書本】，收
　　　　入《續修四庫全書・經部・易類》第 30 冊（上海：上海古籍出版社，2002
　　　　年 3 月），頁 459。
〔註127〕引自〔清〕姚配中撰：《周易姚氏學・序・釋數》卷首【一經廬叢書本】，收
　　　　入《續修四庫全書・經部・易類》第 30 冊（上海：上海古籍出版社，2002
　　　　年 3 月），頁 459。

模式，亦將數字「三」與陰陽五行、象數易說相互融通。最後看〈釋數〉所述及的最後一個數字「二」：

> 陽始於一，其動也直，｜是也；陰始於一，其動也闢，二是也。《說文》云：「｜，上下通也。二，地之數也。」案：闢則分二即「－－」，縱橫異耳。干寶〈坤・初〉注云：「陽數奇，陰數偶，是以〈乾〉用一也，〈坤〉用二也。〈乾〉用一即「一」，〈坤〉用二即「－－」也。」〔註128〕

姚氏說明：陽動也直，故成｜，上下貫通；陰動也闢，故成二，於後徵引干寶《易》注，解釋〈乾〉為陽，用一為「一」；〈坤〉為陰，用二為「－－」之理。此處釋「二」為地之數，表示「一」動而分開為兩小段「－－」，逕自把數字「二」與《周易》陰爻直接劃上等號。除此之外，姚配中主張陰、陽兩氣皆始於一，故又在《周易姚氏學・繫辭下傳》：「象者，材也。」下面的小字案語說：「陽畫『一』，一也；陰畫『－－』，亦一也。陽生則陰分為二，『－－』即『一』之分，乃陰之一也。……二即『－－』也。」〔註129〕認為《周易》的陰、陽兩爻皆出自一，陽爻為「一」，陰爻則二分為「－－」，遂將數字「二」等同於「－－」。

　　若是綜觀整本《周易姚氏學》，即可知姚配中首重的數字為「一」，此數在姚氏易學的體系中，相當於「元」、「太極」，重要性不言而喻。第二順位的是數之最終者「十」，此數為陽之始、動相交，乃五行生、成數之備，姚氏又以「十」為一，甚至在《周易姚氏學》卷首三篇中，不厭其煩地四度訓釋數字「十」。接續的第三名應是「七」、「八」、「九」、「六」四個數字並列，此四者被姚氏詳加訓釋的次數乃在伯仲之間，且大致上是連帶一起出現。當然，這不代表「二」、「三」、「四」、「五」這四個數字在《周易》裡不具重要性，而只是姚配中在《周易姚氏學》訓釋此四個數字的篇幅比例，比起其他「一」、「六」「七」、「八」、「九」、「十」這六個數字，實在顯得較為稀少。然而，不論比例多寡，《周易姚氏學》裡「一」、「二」、「三」、「四」、「五」、「六」、「七」、「八」、「九」、「十」這十個數字，莫不挾帶象數、方術學之涵義。

〔註128〕引自〔清〕姚配中撰：《周易姚氏學・序・釋數》卷首【一經廬叢書本】，收入《續修四庫全書・經部・易類》第 30 冊（上海：上海古籍出版社，2002年 3 月），頁 458。

〔註129〕引自〔清〕姚配中撰：《周易姚氏學・繫辭下傳》卷十五【一經廬叢書本】，收入《續修四庫全書・經部・易類》第 30 冊（上海：上海古籍出版社，2002年 3 月），頁 656。

第三節　會通〈月令〉與《周易》

　　姚配中對《禮記‧月令》的重視，可見於《周易通論月令》的〈自序〉：
「易固無不通也，而其陰陽、消息、卦氣、從違之驗，則莫近于〈月令〉。以
故明堂、陰陽之說，舊有專家，惜其書久佚，無從考證耳。《周易》首〈乾〉，
正月建子；《歸藏》首〈坤〉，正月建丑；《連山》首〈艮〉，正月建寅，而要
皆以乾元爲消息之宗。〈月令〉季秋爲來歲受朔日，法乾元也。〈月令〉之傳，
其原自遠。」〔註130〕姚氏認定《周易》乃是五常之原，故易道無所不通，而
易中陰陽、消息、卦氣等學說的概念則相近於〈月令〉，其《周易通論月令》
上卷以七、八、九、六之義，與〈月令〉的五神、五蟲、五音、五味、五祀、
五藏、及干支、十二律相互比附，下卷則以卦象說七十二候〔註131〕，處處可
見姚配中欲以易理詮釋〈月令〉的企圖，但這樣的連結性，僅只停留在技術
層面，無法眞正貫通〈月令〉與《周易》兩者，故姚氏又以「乾元」爲三《易》
的消息之宗，並曰：「〈月令〉季秋爲來歲受朔日，法乾元也。」說明《周易》
與〈月令〉皆以「乾元」爲宗，以「乾元」爲最根本、最首要的連接橋樑，
從源頭上奠立兩者關係，將其提升到思想層次。

　　《月令箋》爲姚配中注《易》之閒暇所撰，《周易通論月令》乃《月令箋》
之精義，姚氏本將其附載於《周易姚氏學》內容之後。〔註132〕由此可知，《周
易通論月令》較《周易姚氏學》後出，且可作爲《周易姚氏學》釋《易》之
輔助。若細查《周易通論月令》，即可發現書中諸多見解，在《周易姚氏學》
的注解裡早已出現，甚至論述得更爲詳細，可見《周易姚氏學》書中內含連
結〈月令〉與《周易》的概念。〔註133〕《周易通論月令》只是把《周易姚氏

〔註130〕引自〔清〕姚配中撰：《周易通論月令‧自序》【一經盧叢書本】，收入《續修
　　　　四庫全書‧經部‧易類》第 30 冊（上海：上海古籍出版社，2002 年 3 月），
　　　　頁 690。

〔註131〕參閱吳承仕撰：《檢齋讀易提要‧周易通論月令二卷》，收入張善文等校理：《尚
　　　　氏易學存稿校理‧附編》第 3 卷（北京：中國大百科全書出版社，2005 年 6
　　　　月），頁 31。

〔註132〕參閱〔清〕姚配中撰：《周易通論月令‧自序》【一經盧叢書本】，收入《續修
　　　　四庫全書‧經部‧易類》第 30 冊（上海：上海古籍出版社，2002 年 3 月），
　　　　頁 690。

〔註133〕例如《周易通論月令》曰：「〈乾〉陽滅于戌，消八中宮伏而藏于戊亥于亥，
　　　　此乾元之位，消息之宗也。」又曰：「十者，一陰一陽，一縱一橫，天地合和
　　　　之氣也。數始于一，終于十，數也者，一氣之轉，所以狀氣之始、壯、究而
　　　　別其情性者也。」兩句下面皆有小字案語曰：「解在《周易姚氏學‧釋數篇》。」

學》中這類的相關闡述濃縮，且加以系統化，成爲一本探討、融通〈月令〉
與《周易》兩者的專書，而《周易姚氏學》仍爲其之主體。本節便以《周易
姚氏學》會通〈月令〉與《周易》的種種論點爲主題，下文簡單介紹〈月令〉
與易學兩者的關係，再深入討論姚氏在《周易姚氏學》中以〈月令〉星象、
節氣、音律等說來比附《周易》的詮釋，以及用「乾元」之說會通〈月令〉
與《周易》的情形。

一、〈月令〉與易學關係

〈月令〉爲古代聖王順應氣象、奉於四時、參天地而行王者之治的一年
十二月記載，爲古代自然生態與理想政治的呈現。當先民討論到自然與政治
時，不免會夾雜氣化宇宙論的觀點，見《禮記·月令·孟春之月》：「是月也，
天氣下降，地氣上騰，天地和同，草木萌動。」〔註134〕此處指出天氣與地氣
的存在，並表示當天氣下降、地氣上升之時，則天地和諧、草木初生。〈月令〉
又強調君王必須配合氣候來發布政令：「仲春行秋令，則其國大水，寒氣揔至，
寇戎來征。行冬令，則陽氣不勝，麥乃不熟，民多相掠。」〔註135〕此句出現
「寒氣」與「陽氣」兩詞，說明此兩氣若失調，國家便將大亂。再看〈月令〉
對仲夏和仲冬之月的描述：「是月也，日長至，陰陽爭，死生分。」〔註136〕、
「是月也，日短至。陰陽爭，諸生蕩。」〔註137〕即可知天之氣爲陽、地之氣
爲陰，〈月令〉以陰陽二氣爲天地之氣，四時順應陰陽而變化。若將此與《周
易》相對照，即可知《周易》亦有相同的概念，《周易·咸·象傳》曰：「咸，
感也。柔上而剛下，二氣感應以相與，……天地感而萬物化生。」〔註138〕說

分別引自〔清〕姚配中撰：《周易通論月令》卷一【一經廬叢書本】，收入《續
修四庫全書·經部·易類》第30冊（上海：上海古籍出版社，2002年3月），
頁693、702。

〔註134〕引自〔漢〕鄭玄注〔唐〕孔穎達等正義：《禮記正義·月令》卷十四，收入〔清〕
阮元校勘：《十三經注疏》（臺北：藝文印書館，2007年8月），頁288。

〔註135〕引自〔漢〕鄭玄注〔唐〕孔穎達等正義：《禮記正義·月令》卷十五，收入〔清〕
阮元校勘：《十三經注疏》（臺北：藝文印書館，2007年8月），頁302。

〔註136〕引自〔漢〕鄭玄注〔唐〕孔穎達等正義：《禮記正義·月令》卷十六，收入〔清〕
阮元校勘：《十三經注疏》（臺北：藝文印書館，2007年8月），頁317。

〔註137〕引自〔漢〕鄭玄注〔唐〕孔穎達等正義：《禮記正義·月令》卷十七，收入〔清〕
阮元校勘：《十三經注疏》（臺北：藝文印書館，2007年8月），頁346。

〔註138〕引自〔魏〕王弼、〔晉〕韓康伯注〔唐〕孔穎達等正義：《周易正義·咸·象
傳》卷四，收入〔清〕阮元校勘：《十三經注疏》（臺北：藝文印書館，2007

明天地因二氣感應而能化生萬物；再看〈說卦傳〉曰：「〈乾〉，天也，故稱乎父；〈坤〉，地也，故稱乎母。」〔註139〕以及〈繫辭上傳〉：「天尊地卑，〈乾〉、〈坤〉定矣。……在天成象，在地成形，變化見矣。」〔註140〕〈乾〉為天、為陽氣，〈坤〉為地、為陰氣，在天成象，在地成形，變化顯見，故宋儒張載曰：「〈乾〉陽、〈坤〉陰，此天地之氣，塞乎兩間，而人物之所資以為體者也。……〈乾〉健、〈坤〉順，此天地之志，為氣之帥，而人物之所得以為性者也。」〔註141〕是知〈月令〉與《周易》對天地自然皆有著「陰陽二氣化生萬物，消長變化，以成四時，循環不已」的氣化概念。

　　《禮記‧月令》比《周易》更進一步的是，《易傳》只是純粹描述天地變化的規律，〈月令〉則開始使用曆法形式詳細分類出各時節的天地變化規律。而〈月令〉用曆法表述陰陽二氣自然運行的理論架構，助長了漢代易學中「卦氣說」的生成。〔註142〕漢宣帝時，魏相撮取《易陰陽》與《明堂月令》奏之：「東方之神太昊，乘〈震〉執規司春；南方之神炎帝，乘〈離〉執衡司夏；西方之神少昊，乘〈兌〉執矩司秋；北方之神顓頊，乘〈坎〉執權司冬；中央之神黃帝，乘〈坤〉、〈艮〉執繩司下土。」〔註143〕王葆玹先生解讀此段文字曰：「這段文字是關於《易陰陽》與《明堂月令》的思想內容的介紹，而這介紹正是關於〈月令〉五行圖式與〈說卦〉八卦圖式的綜合。在這綜合圖式中，〈震〉木位東配春，〈離〉火位南配夏，〈兌〉金位西配秋，〈坎〉水位北配冬，與孟、京『卦氣說』中的『四正卦』理論一致，當是『四正卦』說的雛型，為『卦氣說』的起源。」〔註144〕然而，魏氏所呈上的，是否確實為《易

　　　　年8月），頁82。

〔註139〕引自〔魏〕王弼、〔晉〕韓康伯注〔唐〕孔穎達等正義：《周易正義‧說卦傳》卷九，收入〔清〕阮元校勘：《十三經注疏》（臺北：藝文印書館，2007年8月），頁185。

〔註140〕引自〔魏〕王弼、〔晉〕韓康伯注〔唐〕孔穎達等正義：《周易正義‧繫辭上傳》卷七，收入〔清〕阮元校勘：《十三經注疏》（臺北：藝文印書館，2007年8月），頁143。

〔註141〕引自〔宋〕張載撰：朱熹注：《張子全書‧西銘》卷一【高安朱氏藏書校刊本】，收入《四部備要‧子部》（臺北：臺灣中華書局，1966年3月），頁2。

〔註142〕參閱梁韋弦：〈漢易卦氣學的理論原理〉，《周易研究》總第77期（2006年6月第3期），頁74。

〔註143〕引自〔漢〕班固等撰〔唐〕顏師古注：《漢書‧魏相丙吉傳第四十四》卷七十四，第10冊（北京：中華書局，2007年10月），頁3139。

〔註144〕引自王葆玹：〈西漢《易》學卦氣說源流考〉，收錄於林慶彰編：《中國經學史

陰陽》與《明堂月令》兩本書？此段內容是否與「四正卦」理論完全符合？恐怕都還有待商榷。只能從中推論出：西漢宣帝時，已經出現結合《周易》八卦、陰陽五行、以及〈月令〉項目三者的學說。這項揉合三者的學說內涵，和〈月令〉用曆法表述陰陽二氣與天地變化的形式，深深影響了漢、魏易學，更爲成爲日後象數易學「卦氣」理論發展的重要推手。

清代所謂的「月令」，專指《小戴禮記》裡的〈月令〉篇章，但若是在秦、漢之際，「月令」內容並非限定於《禮記》之中，今日可見的「月令類」篇章就另有《呂氏春秋・十二紀》和《淮南子・時則訓》兩種，是知漢代與〈月令〉性質有所相關的篇章，至少就有三篇以上。近人王夢鷗說：「許慎《說文解字》之所引，《白虎通義》之所據，王充《論衡》之所述，班固〈漢志〉之所載，魏相奏書之所陳；以及散見董仲舒之著書與司馬遷《史記》，雖未引稱「月令」篇名，然而詞義實出自〈月令篇〉中者亦往往有之。倘若合併此等片詞隻字而一一比較之，雖難有完全之相同，但其大旨則又無所差別。倘欲言其差別，則應屬於五時、八風，不同之設計。因其或以五行爲基礎，或據八卦以成列；基本觀既異，則其種類亦隨而與十二月令不同矣。」〔註145〕由王氏所列舉之例，足以證明當時的〈月令〉篇章不僅僅只有一種，可能擁有眾多版本，而各版本間，除了內容大意相同外，其干支、曆法、音律等項目與基本思考概念，也未必與《禮記・月令》相同。由此可推測，漢易所汲取的「月令」觀念與形式，恐怕亦來自諸多版本，漢代易學家逐一研讀、理解這些「月令」類篇章後，再將其融入自己的易學體系中，故知漢、魏的象數易學所隱含的曆法、節氣等概念（尤其是「卦氣說」），不單只是淵源於今本《禮記・月令》一篇。此與姚配中及其《周易姚氏學》對「月令」的定義大有不同，故特別在此釐析。

二、以〈月令〉比附《周易》

《周易姚氏學》在對《周易》經、傳進行詮釋時，時常會明引或暗用到《禮記・月令》的文句、項目、概念等等。雖然，援引〈月令〉來解讀《周易》的情況，在歷代易學書籍中並不少見，但姚配中卻是專門使用〈月令〉

論文選集》上冊（臺北：文史哲出版社，2008年9月），頁176。

〔註145〕引自王夢鷗：〈禮記月令校讀後記〉，收錄於李曰剛等編：《三禮論文集》（臺北：黎明文化事業，1982年10月），頁260。

來注釋《周易》，甚至撰有《周易通論月令》一書，以求〈月令〉與《周易》
兩者之會通，此亦屬於姚配中的易學特色之一。姚氏使用〈月令〉比附《周
易》的方法，大致可分成三種，第一種是舉出〈月令〉各季節的現象來對應
《周易》文句，例如《周易姚氏學・解・象傳》曰：

　　〈象〉曰：天地解而雷雨作，雷雨作而百果草木皆甲坼，〈解〉之時
　　大矣哉。

　　注：荀爽曰：「〈乾〉、〈坤〉交通，動而成〈解〉。〈坎〉下〈震〉上，
　　　　故雷雨作也。」仲春之月，草木萌芽，雷以動之，雨以潤之，
　　　　日以烜之，故甲坼也。〔註146〕

〈解〉卦：水在下，雷在上，故雷雨作。雷雨作則萬物生，百果草木皆從種
子中裂開，長出嫩芽。姚氏認為〈象傳〉所指，即為〈月令〉的仲春之月，〈月
令・仲春之月〉裡有「始雨水」、「安萌芽」、「雷乃發聲」三句〔註147〕，確實
與《周易・解・象傳》的描述十分切合，而《周易・解・象傳》另有「君子以
赦過宥罪」一句，與〈月令・仲春之月〉：「命有司省囹圄，去桎梏，毋肆掠，
止獄訟。」意思相符，亦被《周易姚氏學》援引對照。〔註148〕相同的模式，
還可見於《周易姚氏學・屯・象傳》：

　　〈象〉曰：雷雨之動滿盈，天造草昧。

　　注：荀爽曰：「雷震雨潤，則萬物滿盈而生也。陽動在下，造生萬物
　　　　於冥昧之中也。」虞翻曰：「造，造生也；草，草創物也，〈坤〉
　　　　冥為昧，故天造草昧。」

　　案：〈震〉雷、〈坎〉雨，動而未洩，故滿盈，氣无不充也，雲行雨
　　　　施，則成〈既濟〉矣。〈屯〉繼〈坤〉之後，〈坤〉十月卦，〈乾〉
　　　　西北伏〈坤〉下，九月雷始收聲，蟄蟲坏戶，十月則天地不通，
　　　　閉塞成冬，陰凝陽，非雷雨不足以啟其〈屯〉也，故仲春之月，

〔註146〕引自〔清〕姚配中撰：《周易姚氏學・解・象傳》卷十【一經廬叢書本】，收
　　　　入《續修四庫全書・經部・易類》第 30 冊（上海：上海古籍出版社，2002
　　　　年 3 月），頁 577。
〔註147〕引自〔漢〕鄭玄注〔唐〕孔穎達等正義：《禮記正義・月令》卷十五，收入〔清〕
　　　　阮元校勘：《十三經注疏》（臺北：藝文印書館，2007 年 8 月），頁 298～300。
〔註148〕參閱〔清〕姚配中撰：《周易姚氏學・解・象傳》卷十【一經廬叢書本】，收
　　　　入《續修四庫全書・經部・易類》第 30 冊（上海：上海古籍出版社，2002
　　　　年 3 月），頁 577。

雷乃發聲，蟄蟲咸動，啓戶始出。雷雨者，天之所以造草昧也。

〔註149〕

〈坤〉爲十二消息卦的十月卦，姚氏徵引〈月令〉文句來解釋由〈坤〉轉變爲〈屯〉的過程。〈月令・仲秋之月〉曰：「是月也，日夜分，雷始收聲。蟄蟲坯戶，殺氣浸盛，陽氣日衰，水始涸。」〔註150〕說明仲秋時雷聲停止，陽氣衰弱，姚氏以〈月令〉八月的內容比喻九月的現象，又再舉〈月令・孟冬之月〉：「天氣上騰，地氣下降，天地不通，閉塞而成冬。」〔註151〕解釋十月天地閉塞，陰凝陽，是以無雷雨，不足以啓〈屯〉。直到仲春二月，雷聲始發，雷震雨潤，萬物滿盈而生，如同天地初始的草創冥昧，姚氏用〈月令〉之文闡釋〈屯〉的性質與生成。

第二種是拿〈月令〉諸多項目，來比附《周易》。〈月令〉的項目紛雜，筆者便以〈月令〉對「一月」的敘述爲例：「孟春之月，日在營室，昏參中，旦尾中。其日甲乙。其帝大皞，其神句芒。其蟲鱗。其音角，律中大蔟。其數八。其味酸，其臭羶。其祀戶，祭先脾。……天子居青陽左个。乘鸞路，駕倉龍，載青旗，衣青衣，服倉玉，食麥與羊，其器疏以達。」〔註152〕此處列舉出太陽位置（營室）、南天星名（昏在參，旦在尾）、天干（甲乙）、帝（大皞）、神（句芒）、動物（鱗）、音（角）、律（大蔟）、數（八）、味（酸）、臭（羶）、祀（戶）、祭品（脾）、明堂位（青陽左个）、承（鸞路）、駕（倉龍）、旗（青旗）、衣（青衣）、服（倉玉）、食（麥與羊）與器（疏以達）等多種項目，姚配中即取之釋《易》。在〈月令〉這二十幾種項目中，姚氏又格外重視音、律，見《周易姚氏學・乾・初九》下面的小字案語：

十一月，〈乾〉之初九，陽氣伏於地下，始著爲一，萬物萌動，鍾於太陰，故黃鐘爲天統，律長九寸。九者，所以究極中和，爲萬物元也。……夫陰陽登降運行，列爲十二，而律呂和矣。太極元氣，函

〔註149〕引自〔清〕姚配中撰：《周易姚氏學・屯・象傳》卷四【一經廬叢書本】，收入《續修四庫全書・經部・易類》第 30 冊（上海：上海古籍出版社，2002年 3 月），頁 496。

〔註150〕引自〔漢〕鄭玄注〔唐〕孔穎達等正義：《禮記正義・月令》卷十六，收入〔清〕阮元校勘：《十三經注疏》（臺北：藝文印書館，2007 年 8 月），頁 326。

〔註151〕引自〔漢〕鄭玄注〔唐〕孔穎達等正義：《禮記正義・月令》卷十七，收入〔清〕阮元校勘：《十三經注疏》（臺北：藝文印書館，2007 年 8 月），頁 342。

〔註152〕引自〔漢〕鄭玄注〔唐〕孔穎達等正義：《禮記正義・月令》卷十四，收入〔清〕阮元校勘：《十三經注疏》（臺北：藝文印書館，2007 年 8 月），頁 278～285。

三爲一。極,中也。元,始也。行於十二辰,始動於子,氣鍾於子,化生萬物者也。……虛者爻律,元行十二辰,爻之於元,猶律之於氣。觀爻可以知元,故潛龍不妨於爻言之;觀律可以知氣,故中聲不難以管定之。氣資律顯,而氣非律;元以爻著,而元非爻。《周易》言象,故元究成爻;樂氣寫聲,故循聲制律。是故不知律者,不足與言「元」也。〔註153〕

十一月,陽氣自〈乾·初九〉萌生,潛伏於地下。〈月令〉曰:「仲冬之月,日在斗,昏東壁中,且軫中。……其音羽,律中黃鍾。」〔註154〕黃鍾爲「律」之始,與十一月陽氣萌發,皆有初、始之意,「元」行十二辰,始發動於「子」,故知陰陽二氣亦生於「子」,而方能化育天下萬物。「九」爲數之極,究極中和,爲萬物「元」,黃鍾律長九寸,是爲天統,即取自此義。陰陽形成十二卦氣,律呂亦組成十二律。姚配中以「象」爲《易》卦之始,認爲六爻亦均自「象」來〔註155〕,故曰:「觀爻可以知元,……《周易》言象,故元究成爻。」又云:「觀律可以知氣,……樂氣寫聲,故循聲制律。」把《周易》的「象」與〈月令〉的「律」相比附。再看《周易姚氏學·說卦傳》:

〈說卦傳〉:〈巽〉爲雞。

注:〈荀九家〉:應,八風也。應節而變,變不失時,雞時至而鳴,與風相與也。

案:雞木畜,〈巽〉爲之者,象時氣也。〈月令〉:春,其蟲鱗。〈震〉爲龍,鱗也。鄭〈月令〉注云:象物孚甲將解,夏其蟲羽,〈離〉爲雉,羽也。高誘云:盛陽用事,鱗散而羽。案:春陽氣出地,甲散爲鱗,至夏陽氣盛而上騰,故蟲羽。陽者,揚也,飛之象也。〈巽〉,春、夏之交,雞應時而鳴,象氣之信,雖能飛而不高飛,象陰之未萌而陽未極也,故〈巽〉爲之。〔註156〕

〔註153〕引自〔清〕姚配中撰:《周易姚氏學·乾·初九》卷一【一經廬叢書本】,收入《續修四庫全書·經部·易類》第 30 冊(上海:上海古籍出版社,2002年 3 月),頁 466。

〔註154〕引自〔漢〕鄭玄注〔唐〕孔穎達等正義:《禮記正義·月令》卷十七,收入〔清〕阮元校勘:《十三經注疏》(臺北:藝文印書館,2007 年 8 月),頁 344。

〔註155〕此論點可參閱本研究第五章第一節第一小節的〈(二)姚配中對《易傳》的定義與理解〉。

〔註156〕引自〔清〕姚配中撰:《周易姚氏學·說卦傳》卷十六【一經廬叢書本】,收入《續修四庫全書·經部·易類》第 30 冊(上海:上海古籍出版社,2002年 3 月),頁 674。

〈月令〉明確表示：孟春、仲春、季春應時之動物為「鱗蟲」。〈震〉象為龍，龍身多鱗，故姚氏取之相比附，如同鄭玄將〈月令〉夏季之應時動物「羽蟲」與〈離〉象連結。姚配中又以陽氣轉換來說明應時之動物會隨節氣而改變：春季時，陽氣始出，應時者尚且為「鱗」；入夏後，陽氣上升，能飛之動物出，故應時者遂轉為「羽」。〈巽〉為春、夏兩季轉換之際，雖能飛而未能高，象徵陰氣未萌發，且陽氣未至極之交界。此處用〈月令〉項目中的應時動物來代表春、夏之陰陽變化，並以此解釋《周易》的〈巽〉卦。

　　姚配中第三種使用〈月令〉比附《周易》的方法，是以「數字」作為〈月令〉與《周易》之間的橋樑，吳承仕〈《周易通論月令》提要〉曰：「用七、八、九、六之義，以與〈月令〉之五神、五蟲、五音、五味、五祀、五藏及幹支十二律相比附。」〔註157〕指出姚配中皆以「七」、「八」、「六」、「九」四個數字來搭配〈月令〉項目，而後康全誠先生〈姚配中《易》學研究〉在吳氏〈提要〉的基礎上，更加詳細地闡發姚配中「用七、八、九、六之義，以與〈月令〉所述之五神、五蟲、五音、五味、五祀、五臟相比附」之旨〔註158〕，是知此法在《周易通論月令》裡被發揮得淋漓盡致。雖然用數字連結〈月令〉項目來詮釋《周易》的方法，可以稱作《周易通論月令》或是姚配中的易學特色之一，但若是要稱之為《周易姚氏學》的易學特色，恐怕不甚恰當，其原因有二：一、此法在《周易姚氏學》的運用次數頗為稀少，並沒有特別彰顯；二、《周易姚氏學》的「七」、「八」、「六」、「九」四個數字不純粹只是和〈月令〉相比附，姚配中還將之染上「數術」的色彩（縱使〈月令〉四時，早已搭配「五行成數」〔註159〕，但姚氏進一步混入鬼神、精氣之語）。〔註160〕

〔註157〕引自吳承仕撰：《檢齋讀易提要・周易通論月令二卷》，收入張善文等校理：《尚氏易學存稿校理・附編》第3卷（北京：中國大百科全書出版社，2005年6月），頁31。

〔註158〕參閱康全誠著：《清代《易》學八家研究・姚配中《易》學研究》，收入《中國學術思想研究輯刊・初編》第5冊（臺北：花木蘭文化出版社，2008年9月），頁350～356。

〔註159〕王夢鷗：「《禮記・月令》分一年為十二月，又以三月為一時，共成春夏秋冬四時，以配木火金水；並於夏秋之間，別立『中央土』……。蓋其本出於古之五時令，蛻變未盡，乃有此迹象。」引自王夢鷗撰：《禮記校證・別輯・三、月令之五行數與十干日解》（臺北：藝文印書館，1976年12月），頁585。

〔註160〕此處舉《周易姚氏學・繫辭上傳》為例，姚配中曰：「不言易而言鬼神者，天地之數五十五，所以成變化行鬼神。神者精氣，元也，易也；鬼者遊魂，元之動也，合言鬼神，明陰陽之俱有屈信也。九六為鬼，不專謂陰；七八為神，

因此，爲了避免旁生枝節，影響主軸論述，故不在此舉例介紹。

三、以「乾元」貫通兩者

姚配中易學的核心在「易元」之說，並以「乾元」爲消息之宗〔註161〕，因此在會通《周易》與〈月令〉兩者時，亦格外注重「元」的概念，其《周易通論月令》曰：「月令者，聖王所以體『元』出治，順陰陽之消息，以贊化育、參天地、致中和，而成〈既濟〉者也。」〔註162〕說明〈月令〉爲古代聖王所以體「元」而治天下的記載。姚氏又以「乾元」爲君，創造且養育萬物，所以在《周易姚氏學》中，數次以「乾元」作爲《周易》與〈月令〉共同的主軸，且主要集中在〈說卦傳〉一篇，見《周易姚氏學・說卦傳》：

> 〈說卦傳〉：雷以動之，風以散之，雨以潤之，日以烜之，〈艮〉以
> 止之，〈兌〉以說之，〈乾〉以君之，〈坤〉以藏之。
>
> 注：《荀九家》曰：「雷與風雨，變化不常，而日月相推，迭有往來，
> 　　　是以四卦以義言之，天、地、山、澤，恆在者也，故直言名矣。」
>
> 案：萬物以陽出。仲春之月，陽始出地，激而爲雷，而萬物動，羣
> 　　蟄起。氣以雷發，以風行，風行氣布，和而爲雨。雨自上下，
> 　　故潤；自下上，故說。〈乾〉爲之君，號令皆發自乾元也。〈坤〉
> 　　位中央，物皆麗焉，出於〈坤〉，藏於〈坤〉，萬物之母也。〈樂
> 　　記〉曰：「地氣上齊，天氣下降，陰陽相摩，天地相盪，鼓之以
> 　　雷霆，奮之以風雨，動之以四時，煖之以日月，而百化興焉。」

不專謂陽，陰陽合而後萬物生。……鄭云：『七八，木火之數；九六，金水之數。木火用事而物生，故曰精氣爲物；金水用事而物變，故曰遊魂爲變。』」姚氏遵循鄭康成《易》注，將「七、八、九、六」的五行成數與精氣、鬼神之說互相搭配。引自〔清〕姚配中撰：《周易姚氏學・繫辭上傳》卷十四【一經廬叢書本】，收入《續修四庫全書・經部・易類》第 30 冊（上海：上海古籍出版社，2002 年 3 月），頁 632。

〔註161〕參閱〔清〕姚配中撰：《周易通論月令・自序》【一經廬叢書本】，收入《續修四庫全書・經部・易類》第 30 冊（上海：上海古籍出版社，2002 年 3 月），頁 690。

〔註162〕引自〔清〕姚配中撰：《周易通論月令》卷一【一經廬叢書本】，收入《續修四庫全書・經部・易類》第 30 冊（上海：上海古籍出版社，2002 年 3 月），頁 691。

〈月令〉則其紀驗也。〔註163〕

二月之時，陽氣上騰，與陰相摩，陽氣激動而爲雷，發而萬物動、蟄蟄起；天地相蕩，化而爲雨，滋潤萬物，此爲春季欣欣向榮、生氣洋溢之象。姚氏認爲主宰天地，化生萬物者，即爲「乾元」，而坤元則居中央土之位以助之。而此段〈說卦傳〉描繪的情景，與〈月令·仲春之月〉的記載：「雷乃發聲，始電。蟄蟲咸動，啓戶始出。」〔註164〕頗爲相似，故姚配中取〈月令〉此段相呼應。《周易通論月令》又云：「《易·說卦傳》曰：『帝出乎〈震〉。』帝者，乾元也，萬物出乎〈震〉。萬物者，『元』之所爲也。出乎〈震〉，齊乎〈巽〉，相見乎〈離〉，致役乎〈坤〉，說言乎〈兌〉，戰乎〈乾〉，勞乎〈坎〉，成言乎〈艮〉，而『元』周八卦矣。」〔註165〕此段敘述「元」在八卦之樣貌，尤其強調「帝出乎〈震〉」一句，說明「乾元」爲帝，掌管萬物，故萬物亦出乎〈震〉，故在《周易姚氏學·說卦傳》解釋道：

> 帝，乾元也，乾元藏於中宮，周乎八方，所在異名，而八卦稱焉。《齊書·王儉傳》：太子問王儉曰：「《周易·乾卦》本施天位，而〈說卦〉云：『帝出乎〈震〉。』〈震〉本非天，義豈相當？」儉曰：「〈乾〉健、〈震〉動，天以運動爲德，故言帝出〈震〉。」太子曰：「天以運動爲德，君自體天居位，〈震〉雷爲象，豈體天所出？」儉曰：「主器者，莫若長子，故受之以〈震〉，萬物出乎〈震〉，故亦帝所與焉。」案：儉不知帝爲乾元，故言之多滯，夫元之所在異名，八卦何一非元乎？謂之帝者，言其氣之王出而乘時也，明乎此，而八卦可知矣。夫豈地自爲帝，而卦自爲卦乎？〈魏志注〉引〈管輅別傳〉難劉邠云：輅不解古之聖人，何以處〈乾〉位於西北，〈坤〉位於西南？夫〈乾〉、〈坤〉者，天地之象，然天地至大，爲神明君父，覆載萬物，生長撫育，何以安處二位？與六卦同列，知八卦之皆元之所爲，則无疑於〈乾〉、〈坤〉之位矣。卦者，挂也，象也。帝出乎〈震〉，則象成〈震〉，齊乎〈巽〉，則成〈巽〉，豈舍帝而別有卦哉？輅所云〈乾〉、〈坤〉者，《易》之祖宗，變化之根原者，謂元也。此明堂之所由立。明堂法《易》八卦，王居周明堂，

〔註163〕引自〔清〕姚配中撰：《周易姚氏學·說卦傳》卷十六【一經廬叢書本】，收入《續修四庫全書·經部·易類》第 30 冊（上海：上海古籍出版社，2002年 3 月），頁 671。

〔註164〕引自〔漢〕鄭玄注〔唐〕孔穎達等正義：《禮記正義·月令》卷十五，收入〔清〕阮元校勘：《十三經注疏》（臺北：藝文印書館，2007 年 8 月），頁 300。

〔註165〕引自〔清〕姚配中撰：《周易通論月令》卷一【一經廬叢書本】，收入《續修四庫全書·經部·易類》第 30 冊（上海：上海古籍出版社，2002 年 3 月），頁 691。

若帝之出乎〈震〉，而周八卦也，解在《月令箋》。〔註166〕

此處再度申明「乾元」為帝，為氣之王出而乘時，乾、坤兩元乃易之祖宗、變化之根源，此兩者又以〈乾〉為君，故以「乾元」為帝。《周易‧說卦傳》曰：「帝出乎〈震〉，齊乎〈巽〉，相見乎〈離〉，致役乎〈坤〉，說言乎〈兌〉，戰乎〈乾〉，勞乎〈坎〉，成言乎〈艮〉。」〔註167〕名稱雖異，而實質皆為「元」，八卦皆「元」之所為，因所在而異名，南朝齊國大臣王儉不明此理，故在論述上未能明白、通透。最後，姚氏結尾道：「此明堂之所由立」，將「明堂」與《周易》八卦互相連接：〈月令〉清楚標示出一年十二月天子應居的明堂位〔註168〕，其他如《禮記》其他篇章，以及《周禮》、《左傳》、《孝經》、《孟子》等經書，雖然也都曾載錄「明堂」一詞〔註169〕，卻未說明天子各時節應居住的明堂方位之相關事項，故知此處是將〈月令〉中的「明堂位」一說，與《周易》的八卦相對應，作為「帝者乾元」與「八卦皆『元』之所為」之佐證。

除此之外，漢代「月令類」的文章，並不只有《禮記‧月令》一篇而已，姚配中及其《周易姚氏學》，固然是將重心放在《禮記‧月令》上面，但偶爾

〔註166〕引自〔清〕姚配中撰：《周易姚氏學‧說卦傳》卷十六【一經廬叢書本】，收入《續修四庫全書‧經部‧易類》第 30 冊（上海：上海古籍出版社，2002年 3 月），頁 671～672。

〔註167〕引自〔魏〕王弼、〔晉〕韓康伯注〔唐〕孔穎達等正義：《周易正義‧說卦傳》卷九，收入〔清〕阮元校勘：《十三經注疏》（臺北：藝文印書館，2007 年 8 月），頁 183。

〔註168〕〈月令〉十二月與「天子明堂位」配置關係如下圖：

月 份	一	二	三	四	五	六	中央土	七	八	九	十	十一	十二
季節	孟春	仲春	季春	孟夏	仲夏	季夏	中央土	孟秋	仲秋	季秋	孟冬	仲冬	季冬
天子明堂位	青陽左个	青陽大廟	青陽右个	明堂左个	明堂太廟	明堂右个	大廟大室	總章左个	總章大廟	總章右个	玄堂左个	玄堂大廟	玄堂右个

〔註169〕請參照《禮記正義‧明堂位》卷三十一（頁 575～576、579）、《禮記正義‧樂記》卷三十九（頁 697）、《禮記正義‧祭義》卷四十八（頁 824）、《周禮注疏‧冬官考工記下》卷四十一（頁 644）《春秋左傳正義‧文公‧二年》卷十八（頁 301）、《孝經注疏‧聖治章》卷五（頁 36）、《孟子注疏‧梁惠王下》卷二上（頁 35）等篇章，引用版本皆為〔清〕阮元校勘：《十三經注疏》（臺北：藝文印書館，2007 年 8 月）。

仍會參酌其他有關曆法、節氣現象的文獻作爲補充說明。而其援用的篇章雖然有所不同，但不變的是，此皆必須與《周易》有所融通，且最終仍以體「元」爲主，以下便舉《周易姚氏學・說卦傳》之案例爲說：

> 帝之所在異名，而萬物隨之，而卦象成，而方位定，而卦體明，而卦義章，互言之而罔弗備矣。八卦方位之次，五行相生，而〈坎〉水之後，獨受以〈艮〉。土者，水之生木，必資於土也。木、金各二者，方生之木，不能生火，水氣潤也；秋初之金，不能生水，火氣燥也。木盛極則燥，金盛極則潤，而水、火生焉。以晝言，冬至陽生地中，故〈坎〉陽在中，至寅，三陽將出地，故陽在上，所謂魚陟負冰，象陽之上。正東〈震〉雷出地，萬物以生，物生先長其根，皆下行，故陽在下，所謂反生也。東南陽極陰伏，故陰在初，夏至陰從中生，故陰在中，正秋三陰，故陰在上。〈坤〉位中央，无所不在，西北爲〈乾〉，純陽之伏也。五行者，氣之轉；八卦者，氣之交，何一非帝？何一非元乎？〔註170〕

姚氏以「乾元」爲帝，因所在而異名，天下萬物亦隨此道，如八卦皆「元」之所爲，卻擁有許多不同稱號。冬至的陽氣從地中生，故〈坎〉陽在中，到了寅時，陽氣由地中散出，往上發展，形成《大戴禮記・夏小正》：「魚陟負冰」〔註171〕之景。「魚陟負冰」爲陽氣上升，逐漸佈滿天地間，氣候回暖，促使魚群從水底向水面游去，其背幾乎都碰觸到水面冰層，如同「負冰」樣貌。〈夏小正〉此言，意頗似於〈月令・孟春之月〉的「魚上冰」〔註172〕，唐代《禮記正義》以「魚陟負冰」爲「魚上冰」之驗證〔註173〕，宋人王應麟質疑《小戴禮記》此處闕文，應作「魚上負冰」〔註174〕，《元史・曆志》更是直接

〔註170〕引自〔清〕姚配中撰：《周易姚氏學・說卦傳》卷十六【一經廬叢書本】，收入《續修四庫全書・經部・易類》第 30 冊（上海：上海古籍出版社，2002年 3 月），頁 673。

〔註171〕引自方向東撰：《大戴禮記彙校集解・夏小正第四十七》卷二（北京：中華書局，2008 年 7 月），頁 139。

〔註172〕引自〔漢〕鄭玄注〔唐〕孔穎達等正義：《禮記正義・月令》卷十四，收入〔清〕阮元校勘：《十三經注疏》（臺北：藝文印書館，2007 年 8 月），頁 284。

〔註173〕《正義》曰：「云『魚陟負冰』者，陟，升也，謂魚從水下升於冰上而負冰，證經中『魚上冰』。」引自〔漢〕鄭玄注〔唐〕孔穎達等正義：《禮記正義・月令》卷十四，收入〔清〕阮元校勘：《十三經注疏》（臺北：藝文印書館，2007 年 8 月），頁 284。

〔註174〕王應麟曰：「『魚上冰』，〈夏小正〉曰：『魚陟負冰』。《淮南》曰：『魚上負冰』。《鹽石新論》謂：『《小戴》去一負字。於文爲闕。』然〈時訓〉與〈月令〉同，《呂氏春秋》亦無負字。」引自〔宋〕王應麟著〔清〕翁元圻等注〔民國〕

把〈月令〉文句寫作「魚陟負冰」〔註175〕，因而推知「魚陟負冰」與「魚上冰」兩詞意義雷同，皆代表孟春情景。春季東風起，〈震〉為雷，雨水降，萬物得以生成，且多從根部開始長成，故陽氣轉而在下，東南為〈巽〉，陽極而陰氣生，陰爻尚在初；夏至之時，陰從中生，以南方之〈離〉為表徵；秋季為〈兌〉，陰氣在上；〈坤〉則守在中央土的位置，是為「坤元」，故無所不在；〈乾〉在西北，陽氣隱伏。此段描述一年四季的變遷過程，並結合〈月令〉、五行、陰陽、文王八卦方位圖〔註176〕等學理為釋，說明：「五行為氣之轉」、「八卦為氣之交」，最後則將一切歸之於「帝」，也就是姚配中所謂的「乾元」。再次從「易元」的思想概念，融通《周易》八卦與陰陽節氣。

第四節　結　語

　　筆者雖然提出「對易元的繼承與發明」、「訓釋文字以融入象數體系」、「會通〈月令〉與《周易》」三項《周易姚氏學》的易學特色，但若細查本章或是《周易姚氏學》內容，即可發現姚配中易學思想的核心，仍是「易元」之說。晚清張壽榮曰：「易中之『元』，自宣聖發之，漢儒明之，我朝東吳惠氏、武進張氏述之，已可得其端倪矣。」〔註177〕為了審視張氏之言，筆者在撰寫「對易元的繼承與發明」一節時，曾試著考究歷代學者對「易元」的闡發，發現較為看重「易元」的易學家，確實集中在漢、魏時期。後代對「易元」亦有所關注的學者，大部份都以從事漢易研究為主業，唐代李鼎祚、清朝惠棟、張惠言、姚配中等人皆然，是知「易元」學說的主要發展與昌盛階段，恐怕

欒保羣、田松青、呂宗力校點：《困學紀聞・禮記》卷五，上冊（上海：上海古籍出版社，2008 年 12 月），頁 615。

〔註175〕《元史》中的〈授時曆經・氣候〉，依照《禮記・月令》文句描寫一年十二月的氣候景象，其正月記：「東風解凍，蟄蟲始振，魚陟負冰。」前面兩句為〈月令〉文句，若按〈月令〉原文，第三句應作「魚上冰」。引自〔明〕宋濂等撰：《元史・志卷第六・曆三・授時曆經上》卷五十四【明洪武刊本】，收錄於成文出版社編纂：《仁壽本二十六史》第 48 冊（臺北：成文出版社，1971 年 10月），頁 27643。

〔註176〕朱子的《周易本義》卷首錄有「文王八卦方位圖」，參見〔宋〕朱熹撰〔民國〕廖名春點校：《周易本義・圖目》（北京：中華書局，2009 年 11 月），頁 18。

〔註177〕引自〔清〕姚配中撰：《姚氏易斁闡元・張壽榮跋》【花雨樓叢抄本】，收入《續修四庫全書・經部・易類》第 31 冊（上海：上海古籍出版社，2002 年 3 月），頁 12。

只有兩漢及魏晉初期，直到清代，學者們才又重新拾取漢、魏「易元說」，將之再建，促使「易元」學說復興。姚配中汲取了《易傳》與漢、魏學者對「元」的論述，包含「以『元』爲氣」、「『元』永存不滅」、「『元』爲自然萬物之根源」、「『乾元』無爲而治天下」等說，這些見解奠定了姚氏對「易元」的基本認識。近人曹元弼曰：「漢易自惠氏創通大義後，張氏繼之，姚氏又繼之。」〔註178〕此即顯露在「易元」的議題上，惠棟再現了漢人「函三爲一」的宇宙觀，張惠言也體現了「易有太極，爲乾元」的觀點，惠、張二氏對「易中之元」的闡釋，帶給姚配中不少啓發，姚氏在此兩人的基礎上，建構出一套以「易元」爲主軸的思想架構與釋《易》學說。

《周易姚氏學》卷首有〈贊元〉、〈釋數〉、〈定名〉三篇，此三篇可謂全書精華：〈贊元〉闡「元」、〈釋數〉論「一」、〈定名〉言「易」，姚配中分別介紹三者後，再將它們互相貫通，遂以「元」爲「一」爲「易」，認爲三者皆爲「本原」與「主宰」，且爲永恆性的存在，只是因情狀不同而改易其名（「元」指宇宙自然、「一」指天地數字、「易」指九、六之用）。姚配中認爲「元」即是前人所述的「太極」，爲天地氣息之初始，乃淳利未分之狀態，生成自然萬物，化分爲陰陽二氣，〈乾〉得其陽，〈坤〉得其陰，認爲天地爲氣所形成，而「元」爲氣之始，將「元」視爲自然界的最高統治者。除了闡發「易元」整體外，姚氏又將「元」分化爲乾、坤兩元，說明：〈乾〉、〈坤〉非「元」不能生物，〈乾〉必爲乾元，立天之本，而萬物資始；〈坤〉須爲坤元，順從乾元，而萬物資生。故以乾元爲陽之始，坤元爲陰之始，姚氏又歸納《易傳》提及兩元之辭，言其含有順應天道、隨時而行之義，在綜論「易元」過後，又清楚分析了乾元與坤元二者。《周易姚氏學》以乾元爲陽之始，託位於九五，不自用而用〈乾〉卦六龍，故曰「乾元用九」，用九爲君王之道，統領天下，萬物莫能先之；坤元爲陰之始，託位於六二，處中央土的位置，讓乾元潛伏於其中，以靜待發用之時，如同古代冢宰之職，掌邦國之六典，故曰「坤元用六」，當堅守正道，輔佐用九之君治理天下。姚配中的「易元」學說，也充分表現了漢易學家的特質，姚氏以「元」爲氣之始，視之不見，聽之不聞，分而爲二之後，又以乾元爲君、坤元爲臣，兩元相輔相成，生育天地，治理

〔註178〕引自曹元弼撰：《周易學・明例・別例・姚氏易學例》【民國四年刊本影印本】，收入嚴靈峯編輯：《無求備齋易經集成》第 124 冊（臺北：成文出版社，1976年），頁 244。

萬物，繼承了漢、魏時期的氣化宇宙論，大致上屬於唯物觀。

　　五經包含諸多古字、古言，兩漢經師須能識字審音，才能通曉經義，故漢代經學家多長於訓詁，且各有家法之承。清人力求發揚古經、回復經典原貌，漢代經學興盛，師徒相承，且近於古，儼然成為清代學者最佳的效法對象，也因為復古的需要，促進文字、聲韻、訓詁之學蓬勃發展，小學蔚為清代學者普遍使用的解經法門〔註179〕，例如姚配中便多次運用訓詁的模式來解釋《周易》。然而，由於取材、解讀、立場上的差異，使得各個訓詁學家推演的過程與結果皆不盡相同〔註180〕，故知「訓詁」一事，實際上暗藏了某種程度的獨特性與鮮明的個人色彩，又因「易道廣大，無所不包。」〔註181〕諸如天文、地理、樂律、方術等學問，皆可援《易》以為說，再加上姚氏「自命巧慧，左右採獲，穿穴無所不通」的性格〔註182〕，常會在訓釋的過程中，有意無意地把文字摻入陰陽五行、象數、數術的概念，並且用這些經過神秘化、複雜化的文字來詮解《周易》。不難想見，《周易姚氏學》中的文字訓詁過程，屢屢出現「文字象數化」與「數字數術化」的情形。姚配中將文字、數字融入象數與數術之說，主要目的是為了輔助「易元」理論，而不單只是用來注解《周易》文句而已，是知「訓釋文字以融入象數體系」，亦為《周易姚氏學》的易學特色之一。

　　姚配中弟子李宗沆曰：「夫日月往來二用，發〈乾〉、〈坤〉之秘，陰陽貸謝六爻，成消息之圖。六十四卦之周流，寒溫悉應；七十二候之順逆，休咎

〔註179〕清儒錢大昕曰：「國朝通儒，若顧亭林、陳見桃、閻百詩、惠天牧諸先生，始篤志古學，研覃經訓，由文字、聲音、訓詁而得義理之真。……詁訓必依漢儒，以其去古未遠，家法相承，七十子之大義猶有存者，異於後人之不知而作也。」引自〔清〕錢大昕撰〔民國〕呂友仁標校：《潛研堂文集・序二・藏玉林經義雜識序》卷二十四（上海：上海古籍出版社，1989 年 11 月），頁 390～391。

〔註180〕近人崔大華曰：「經學訓詁中的歧解，由句讀、讀音的差異而引起的尚不多見，由字義、詞義的訓解不同而引起的，則俯拾皆是。……除了句讀、讀音，義訓等分歧而造成的情狀外，所據典籍，師傳的不同，也是一個因素。」引自崔大華：〈論經學之訓詁〉，收錄於林慶彰主編：《經學研究論叢》第一輯（新北市：聖環圖書，1994 年 4 月），頁 9～10。

〔註181〕引自〔清〕紀昀等撰：《欽定四庫全書總目・經部・易類一》卷一，第 1 冊（臺北：藝文印書館，2004 年 10 月），頁 63。

〔註182〕引自吳承仕撰：《檢齋讀易提要・周易通論月令二卷》，收入張善文等校理：《尚氏易學存稿校理・附編》第 3 卷（北京：中國大百科全書出版社，2005 年 6 月），頁 32。

胥徵。此《周易》所以爲羣籍之原,而〈月令〉所以爲大易之驗也。」〔註183〕此言實本於姚師之教誨〔註184〕,可知姚氏平日指導學生時,應該也是不斷強調:「《周易》爲五經之本原」和「〈月令〉可作爲《周易》之驗證」這兩種概念。從《周易姚氏學》所闡述的種種相關文句,足以看到「會通〈月令〉與《周易》」一事,不只是姚氏易學的特色,更是其一再努力的目標。姚配中另在撰寫《周易姚氏學》的空檔,額外完成《周易通論月令》二卷,此書爲一本融通〈月令〉與《周易》兩者的專書,假如深入了解,就能發現裡面有諸多說法,同樣可見於《周易姚氏學》的注解。姚氏在《周易姚氏學》中較常被用來會通〈月令〉與《周易》的方法,大致上能分成「舉出〈月令〉各季節的現象來對應《周易》文句」、「拿〈月令〉的諸多項目(尤其是音、律),來比附《周易》」兩種,而姚配中在會通〈月令〉與《周易》時,亦始終不忘「易元」之說,數次以「乾元」作爲兩者共同的主軸。

　　縱使「訓釋文字以融入象數體系」和「會通〈月令〉與《周易》」都屬於十分具有代表性的易學特色,但與「對易元的繼承與發明」相比,重要性就顯得較爲低落。畢竟,「易元」乃姚配中易學思想的核心,可謂爲《周易姚氏學》的最高指導原則,而「訓釋文字以融入象數體系」與「會通〈月令〉與《周易》」兩者,僅是姚配中理解、詮釋、驗證《周易》的方法。因此,筆者把本章重心放在「對易元的繼承與發明」一節,用較多的篇幅探討姚配中的「易元論」,以符合《周易姚氏學》眞實的樣貌。

〔註183〕引自〔清〕姚配中撰:《周易通論月令‧李宗沅跋》【一經廬叢書本】,收入《續修四庫全書‧經部‧易類》第 30 冊(上海:上海古籍出版社,2002 年 3 月),頁 716。

〔註184〕姚配中曰:「《易》固無不通也,而其陰陽、消息、卦氣、從違之驗,則莫近于〈月令〉。」引自〔清〕姚配中撰:《周易通論月令‧自序》【一經廬叢書本】,收入《續修四庫全書‧經部‧易類》第 30 冊(上海:上海古籍出版社,2002年 3 月),頁 690。

第八章　結　論

　　本研究在此進入尾聲，在經過前面六個章節（第二章至第七章）的討論後，此處即將對《周易姚氏學》做一個綜合性的歸納與評析，以下便分成四節來敘述：第一節率先濃縮前文大旨，扼要地介紹本論文對姚配中及其《周易姚氏學》的研究成果；第二節闡釋《周易姚氏學》在學術史上的意義，並說明姚配中及其《周易姚氏學》對易學研究的貢獻所在；第三節檢討《周易姚氏學》種種缺失，並將這些論點與尚秉和、曹元弼等前賢對姚氏易學的評議相互對照，透過交叉檢視，以獲得較為公允的評述；第四節為本論文最末一節，筆者將試著跳脫撰寫者的立場，用閱讀者的角色重新審視前文，進而指出本論文之不足與未逮之處，冀望能提供未來有志於相關研究的學術同好們其他的研究方向與層面，以便整個易學界能夠進一步推動姚配中易學研究的發展，讓這位被埋沒已久的易學家與再次沉寂的「易元」之說，得以重見天日。

第一節　《周易姚氏學》之回顧與綜述

　　《周易姚氏學》乃嘉慶、道光時期的安徽經學家姚配中所撰。作者姚配中在乾、嘉漢學餘風與包世榮、薛傳均等好友的影響下，毅然決然地投入漢易研究的行列。姚氏某次與包世榮同遊時，偶然於書市購得時人張惠言《周易虞氏義》一書，閱讀後，對此書愛不釋手，傾心於虞氏易說，因而更加深邃於易道，在研讀眾多漢、魏易家之後，認定鄭玄易學為最優，摯友包世榮〈《周易姚氏學》序〉就曾說：「吾友姚君仲虞……以為司農之注，優于荀、

虞，乃據鄭爲主。」﹝註1﹞指出姚配中易學以鄭玄易爲宗，而包世臣〈清故文學旌德姚君傳〉又云：「君諱配中……研究群說，鄭氏最優。」﹝註2﹞後世對姚配中的記載，大部份源自包氏這兩篇文章，因此大多數的文獻都表示姚氏易獨以鄭玄易爲宗，卻未說明其中根據究竟爲何？﹝註3﹞若以姚配中生平代表作《周易姚氏學》爲例，在援引釋《易》的數量上，其稱引鄭康成的次數甚至少於虞翻；而在注解《周易》經、傳時，姚氏每每旁徵博引眾多經、史、子部書籍，結論也未必皆以鄭玄爲依歸，如果只從表面觀察，恐怕很難看出姚配中宗主鄭氏之處。其實，姚配中最爲青睞的是鄭康成易學的義理觀，比如鄭氏「用九體〈乾〉」、「易三義」、「太極之說」等學說，皆被姚氏沿用或轉化爲自己易學思想的一環。

　　《周易姚氏學》總共耗費姚配中約二十年時間，歷經三次命名才成定稿。起初命名爲《周易參象》，此時僅有十四卷，摯友包世榮取惠棟《周易述》爲之校正，又引薦薛傳均、劉文淇、劉寶楠、梅植之等人給姚配中認識，眾人俱驚歎《周易參象》之精博，並熱烈提出不少建言，姚氏嘗回憶道：「切磋之益，惠我靡窮，乃更《參象》爲《疏證》十六卷，每卷脫稿，必與孟瞻校之，諸友討論之。書成，而季懷序之。」﹝註4﹞姚氏參酌諸友的意見，訂正錯誤、刪除繁複、改變體例，將《周易參象》更名爲《周易疏證》，且由十四卷增添至十六卷。姚氏旅居揚州五年之後，回鄉歸隱，仍持續修訂《周易疏證》，並把附於書後的易論十篇，刪減爲〈贊元〉、〈釋數〉、〈定名〉三篇，將之移到

﹝註1﹞ 引自〔清〕姚配中撰：《周易姚氏學‧包世榮序》【一經廬叢書本】，收入《續修四庫全書‧經部‧易類》第30冊（上海：上海古籍出版社，2002年3月），頁450。

﹝註2﹞ 引自〔清〕包世臣撰〔民國〕李星點校：《藝舟雙楫‧附錄二‧清故文學旌德姚君傳》卷八，收入《包世臣全集》（合肥：黃山書社，1994年5月），頁504。

﹝註3﹞ 例如《經學博采錄》、《安徽通志稿》、《清儒學案》等皆是，敬請參照〔清〕桂文燦著：《經學博采錄‧姚配中》卷十（臺北：明文書局，1992年8月），頁355；安徽通志館纂編：《安徽通志稿‧藝文考‧經部二‧易類二》【民國二十三年鉛印本】，收入《中國方志叢書‧華中地方》第629號第25冊（臺北：成文出版社，1985年3月），頁8982；徐世昌等編纂；沈芝盈、梁運華點校：《清儒學案‧孟瞻學案》卷一百五十二，第6冊（北京：中華書局，2008年10月），頁5908。

﹝註4﹞ 引自〔清〕姚配中撰：《周易姚氏學‧書前自序》【一經廬叢書本】，收入《續修四庫全書‧經部‧易類》第30冊（上海：上海古籍出版社，2002年3月），頁451。

書籍卷首，題名爲《周易姚氏學》。光緒年間的張壽榮遂擷取〈贊元〉、〈釋數〉、〈定名〉三篇易學通論，獨立刊刻成《易學闡元》一書，收入自己的《花雨樓叢鈔》之中，故知《易學闡元》實出自《周易姚氏學》的卷首三篇，而非另一本內容不同於《周易姚氏學》的書籍，但後代的書目文獻大多未解說這層關係〔註5〕，很可能會讓讀者誤以爲姚配中撰寫了三本內容不同的易學著作，故特此辨明之。

近人曹元弼曰：「漢易自惠氏創通大義後，張氏繼之，姚氏又繼之。」〔註6〕吳承仕亦稱姚氏易學乃「漢學之末流，惠棟、張惠言之遺法。」〔註7〕故知曹、吳兩氏皆認同姚配中爲惠棟、張惠言之後的漢易繼承者，同時期的梁啓超也把姚配中的《周易姚氏學》與惠棟《周易述》、張惠言《周易虞氏義》兩書齊名並列。〔註8〕惠棟治易的宗旨大抵爲「回歸古經」、「篤守漢易」、「旁徵博引」三點，若審視《周易姚氏學》一書，即可知姚配中亦同樣奉行了這三項原則：姚氏易學篤守漢、魏易家，幾乎不用宋儒之語，曾於〈自序〉曰：「不通羣籍者，不足與言易。……以《十翼》爲正鵠，以羣儒爲弓矢，博學以厚其力，思索以通其神，審辯以明其旨，則庶幾其不遠也。」〔註9〕主張《易傳》爲注解經文

〔註5〕　例如：《八千卷樓書目》、《書目答問補正》、《清史稿》、《清史》、《清朝續文獻通考》等書，皆未特別註明兩者關係。參照〔清〕丁仁編：《八千卷樓書目‧經部‧易類》【錢塘丁氏聚珍倣宋版印】第1冊（臺北：廣文書局，1970年6月），頁13；〔清〕張之洞撰；范希曾補正〔民國〕蒙文通校點：《書目答問補正（校點本）‧經部‧列朝經注經說經本考證第二》卷一（臺北：漢京文化事業，1984年1月），頁11；國史館編：《清史稿校註‧志‧藝文一‧經部》卷一百五十二，第5冊（臺北：國史館，1986年9月），頁4003；清史編纂委員彙編纂：《清史‧志‧藝文一‧經部》卷一百四十六，第3冊（臺北：國防研究院，1961年3月），頁1750；劉錦藻撰：《清朝續文獻通考‧經籍一》卷二百五十七，第3冊（浙江：浙江古籍出版社，2000年1月），頁10020。
〔註6〕　引自曹元弼撰：《周易學‧明例‧別例‧姚氏易學例》【民國四年刊本影印本】，收入嚴靈峯編輯：《無求備齋易經集成》第124冊（臺北：成文出版社，1976年），頁244。
〔註7〕　引自吳承仕撰：《檢齋讀易提要‧周易通論月令二卷》，收入張善文等校理：《尚氏易學存稿校理‧附編》第3卷（北京：中國大百科全書出版社，2005年6月），頁32。
〔註8〕　參閱梁啓超著：《清代學術概論‧十四、經學注疏爲中堅》（臺北：臺灣商務印書館，2008年10月），頁54。
〔註9〕　引自〔清〕姚配中撰：《周易姚氏學‧卷首自序》【一經廬叢書本】，收入《續修四庫全書‧經部‧易類》第30冊（上海：上海古籍出版社，2002年3月），頁453。

的最高指標，且強調治易不可獨守一經，應融通經、史、子部書籍，將古書互相對照、佐證，以求根本之理，這樣的信念與治學方式，應源自惠氏遺風之潤澤。不同於惠棟治學之廣博，張惠言僅鑽研虞氏一家，心無旁騖，因此能格外深入，在《周易虞氏義》的引領下，姚氏得以窺探虞氏易學之堂奧，張惠言實可稱爲姚配中在易學上的啓蒙師，而這種「篤守家法」、「專精一家」的研究態度，也感染了姚配中，使其在整體易學思想的脈絡上，宗主鄭康成。然而，若只是符合「偏好漢學」、「博覽群籍」、「顓守一家」三項條件的學易者，實多如過江之鯽，爲何清末民初的學者唯獨推舉姚配中作爲惠、張兩氏之後的漢易繼承者？筆者私自揣測出四項主因：一、《周易姚氏學》的形式、體例，與《周易述》、《周易虞氏義》極爲相似；二、《周易姚氏學》確實有其過人之處，顯得比較亮眼，遂被後人所見重；三、《周易姚氏學》裡面多次援引惠、張兩氏學說；四、惠、張兩氏重新開啓沉寂多時的「易元」議題，姚配中在這兩人的基礎上，把「易元」之說發揚光大。除了習染惠棟、張惠言的易說之外，姚配中亦受到清代其他學者的啓發，《周易姚氏學》中也援用了惠士奇、秦蕙田、戴震、姚鼐、孫星衍五人的論點，更多虧了學術社群朋友的直接、間接幫助，讓姚氏得以聽取諸多建言，不至於陷入一隅之見，而交情更爲深篤的包世榮、劉文淇甚至爲之作〈序〉、校稿，促使《周易姚氏學》的內容更臻於完善。

　　姚配中爲清代典型的漢易學家，故其著作勢必會大量採用漢人易說與象數易學，在眾多漢、魏易學家中，《周易姚氏學》較常提及或援用的學者與學說，即爲「《子夏易傳》與孟喜易學之文字訓詁」、「京房之陰陽氣說」、「荀爽與《荀爽九家集注》之取象」、「虞翻之象數易例」、「鄭玄之義理易學」五種，其中又以虞仲翔的「互體」、「半象」、「成〈既濟〉定」等象數條例被使用的最爲頻繁。若純以統計數字來看，《周易姚氏學》援引最多次的學說，應屬虞氏之學，而非鄭玄之說。姚配中所謂的「以鄭氏爲宗」，是將鄭玄的易學思想加以揉合，使之融入自己的易學體系，故知姚氏僅僅是把虞翻易學的象數條例作爲首要的解《易》工具，但假如是涉及義理、思想方面之事，則大抵根據鄭氏易學。而漢易學家的另一項特質，便是「重視文獻資料」，他們往往會爲了索求一個字義或解釋，而旁徵博引諸多文獻互相佐證，姚配中亦是如此，《周易姚氏學》除了「援引《周易》經、傳自證」及「取其他經部文獻旁證」之外，也博取歷代史書、諸子百家來解釋《周易》，援引數量雖不及經部文獻，但仍佔有相當比例。在諸子中，姚氏尤其偏好選用儒家與雜家之說，而《論

語》、《孟子》、《荀子》、《呂氏春秋》、《淮南子》、《白虎通》、《太玄》這七本子部書籍被徵引的比例，又遠遠高於其他子部書籍，由此可見姚配中援用子部書籍注解《周易》的擇取意識與慣用傾向。

　　然而，「博引群籍眾說」、「考索漢、魏易家之長」兩者，實爲清代漢易學家慣用的釋《易》方法，對身爲漢易學家的姚配中而言，無法顯示出獨特性，此兩者比較像是一種學術取向，而非個人易學特色。有鑑於此，筆者另外提出「對易元的繼承與發明」、「訓釋文字以融入象數體系」、「會通〈月令〉與《周易》」三項《周易姚氏學》的易學特色。「易元」爲姚配中易學的主要核心，姚氏在惠、張兩人的基礎上，進一步探求「易元」議題，在潛心鑽研「《易傳》之元」、「《春秋》之元」、「《易緯》之元」、「漢易之元」等前人對「易元」的闡述之後，開創了屬於自己的「易元」說，其理論包括「『元』爲氣之始」、「『元』爲『一』爲『易』」、「乾元用九、坤元用六」、「乾元潛伏於坤元之中」等等，名義上雖號稱開創，其實是混雜諸家說法而來，隱含不少《易緯》與漢易的影子，故筆者稱之「對易元的繼承與發明」。訓詁爲清代學者普遍使用的治學方法之一，原本不足爲奇，但姚氏卻在訓釋的過程中，將文字與數字融入象數易學的邏輯，使之沾染天文曆數、陰陽氣說、五行生成等神秘化、複雜化的色彩，再把這些經過神秘化、複雜化洗禮的文字拿去注解《周易》經、傳，遂使《周易姚氏學》的文字與數字蘊含象數、數術化的傾向。姚配中撰有《周易通論月令》，該書用卦象、卦氣、消息等象數易說來解釋《禮記·月令》文句，嘗試融通《周易》與〈月令〉兩者，而《周易姚氏學》則反向操作，藉助〈月令〉項目來闡明《周易》經、傳涵義，故從《周易姚氏學》亦可見得姚配中欲會通〈月令〉與《周易》兩者的企圖心。

第二節　《周易姚氏學》之學術史價值

　　從事專家學術研究，須知研究對象在學術史上的定位，以及其對該學術的意義所在。姚配中爲嘉、道年間的漢易學家，此時張惠言繼惠棟而起，全心鑽研虞氏一家，最終撰成《周易虞氏義》，促使虞氏易研究蔚爲風潮。另一方面，此時的漢易雖然看似盛行，實際上已開始步入衰微。姚配中便處於這樣的學術背景下，其所撰寫的《周易姚氏學》，隱含了姚氏對當時易學現象的種種回應，在清代學術史上，有其不可抹滅的價值，以下就此申論之。

一、於嘉、道篤守漢易餘風

　　清代的漢易熱潮發展到嘉慶、道光晚期，聲勢已不如往昔之盛，漢易學派與宋易學派達到彼此制衡、不相干擾的局面，學術界也陸續出現調和漢、宋兩派的易學家，這五十五年爲清代易學風氣轉換的重要時期，應有不少值得探討、研究的空間，卻一直未被近代學術界所重〔註10〕，實在頗爲可惜。嘉、道年間的習易者逐漸形成「專守漢易（或宋易）」、「調和漢、宋」、「不隸屬兩派」三種族群，姚配中繼承了乾、嘉漢學之遺風，以回歸古《易》爲宗旨，釋《易》時先以孔子《易傳》爲圭臬，再大量援引漢、魏儒者之言，且盡量排除宋人學說，堅守自己的漢學派立場，乃純正的漢易學家，在漢學式微的嘉、道時期，姚配中及其《周易姚氏學》誠可謂爲「專守漢易」的代表學者與著作。藉著對此人、此書的認識，得以管窺嘉慶、道光年間的漢易學者樣貌，冀能稍微彌補近代易學界對此兩朝開發之不足。

二、繼承與檢討惠、張易學

　　姚配中汲取惠棟、張惠言的治學態度與研究方法，繼承了兩人的漢易路線，甚至仿效《周易述》與《周易虞氏義》的體例，撰成《周易姚氏學》一書。〔註11〕雖然《周易姚氏學》受到惠棟和張惠言不少啓發，但姚配中治學嚴謹而客觀，絕不會因此盲目遵從惠、張兩氏之說，仍然會對不合理之處，提出質疑與批判。《周易姚氏學》徵引《周易述》三十六次，其中竟然有十四處是在駁斥惠棟之非〔註12〕，姚氏以一名漢學派晚輩的身份，用象數易學的

〔註10〕例如汪學群先生撰有《清初易學》及《清代中期易學》兩書，將嘉慶朝以前的易學做了全面性的探討，但仍未涉足道光朝；朱伯崑《易學哲學史》只提及惠棟、張惠言、焦循三名清代易學家，指涉範圍略嫌太窄；徐芹庭先生《易經源流》將各個易學派別分類介紹，不做時間軸上的切割。分別參閱汪學群著《清代中期易學》（北京：社會科學文獻出版社，2009年7月）；朱伯崑著：《易學哲學史・道學的終結和漢學的復興》第四卷（臺北：藍燈文化事業，1991年9月）；徐芹庭：《易經源流・清代之易學源流》下冊（北京：中國書店，2008年4月）。

〔註11〕參閱安徽通志館纂編：《安徽通志稿・藝文考・經部二・易類二》【民國二十三年鉛印本】，收入《中國方志叢書・華中地方》第629號第25冊（臺北：成文出版社，1985年3月），頁8982。

〔註12〕分別見於《周易姚氏學》的〈自序・贊元第一〉、〈乾・象傳〉、〈乾・初九〉、〈乾・用九〉、〈乾・文言〉、〈坤・六二〉、〈蒙・象傳〉、〈蒙・九二〉、〈比〉、〈比・象傳〉、〈履・九二〉、〈隨・初九〉、〈蹇〉、〈繫辭上傳〉十四處。

思維脈絡，糾舉《周易述》之謬誤，例如：言其論述過於片面、注解有違漢人本旨、夾雜方術之說等等，評述皆能得當，有助於後世對惠棟易學的反省與檢討；不同於對《周易述》的諸多異議，《周易姚氏學》對《周易虞氏義》，幾乎全是直接引述，即使偶有一、二則與張氏見解有異，也不會使用反詰、貶斥的語氣。畢竟，張惠言乃姚氏的易學啓蒙者，故其學說格外受姚配中尊重與接納，但姚氏對《周易虞氏義》之說，也並非拳拳服膺，必在多方引證後，才表示贊同，用心如此，故能萃取惠棟、張惠言的易學精華，承接兩人治易信念，在漢學風氣走向衰微的嘉、道年間執掌漢易旗幟，故《安徽通志稿》贊曰：「惠棟起千載後，蒐古雖勤，其業未大；張惠言發揮幽渺，成虞氏一宗之學；配中起而集兩家之長，立一代漢學之正統，觀其成就，卓然無愧於先民者也。」〔註13〕最是深明惠、張、姚三家關係。

三、對象數發展過盛之內在反動

惠棟、張惠言皆以虞氏易學爲宗，由於兩人在學術界具有高度聲望，各自擁有眾多學者跟隨，故使虞氏之學儼然成爲當時漢易研究的最高指標，尤其在《周易虞氏義》出版後，易學家們更是蜂擁投入鑽研虞氏易的行列中，使其風靡一時，在這樣的風氣下，姚配中卻獨自認定鄭玄易爲最優。〔註14〕姚氏受惠、張兩氏影響至深，起初又是藉由《周易虞氏義》走入漢易之門，最終竟然不從惠棟、張惠言，反而宗主鄭氏易說，其爲何會產生這樣的轉折？筆者認爲：除了姚配中個人的學術偏好與傾向外，此現象恐怕也顯示出清代象數易學的過度發展與內在反動。

虞翻治易的基本路數，即在於易之象數〔註15〕，其擅長運用「半象」、「旁通」、「逸象」等象數條例來詮解《周易》，林忠軍先生曾說：「處漢末之世的虞翻全面地總結和囊括了西漢以來象數易學研究成果，創立了易學史上規模宏大、體系完備、影響至深的象數易學。在這個意義上說，虞氏易學是兩漢

〔註13〕引自安徽通志館纂編：《安徽通志稿‧列傳五‧姚配中包世榮傳》【民國二十三年鉛印本】，收入《中國方志叢書‧華中地方》第 629 號第 17 冊（臺北：成文出版社，1985 年 3 月），頁 6220～6221。

〔註14〕參閱中國科學院圖書館整理：《續修四庫全書總目提要【經部】‧易類‧《周易姚氏學》提要》上冊（北京：中華書局，1993 年 7 月），頁 106。

〔註15〕參閱王新春撰：《周易虞氏學‧上篇‧集兩漢象數易學之大成的虞氏易學》上集（臺北：頂淵文化事業，1999 年 2 月），頁 61。

象數易學的最高成就，它標誌著兩漢易學的完善和終結。」〔註16〕虞氏集漢代象數易學之大成，怪不得被惠棟與張惠言兩大漢易巨擘推崇備至。然而，虞氏既然集兩漢象數易學精華於一身，自然也承擔了相應的弊端，象數易學最爲人詬病之處，恐怕就是「取象過甚」一事，魏晉王弼於《周易略例・明象》已有所批駁〔註17〕，漢、魏眾多易學家中，又以虞氏易學之用象最爲頻密，是知其易學早已存在繁複、艱深、拘泥象數的問題。清人縱使知道有這些缺失，卻仍一味埋頭發展，因此越鑽越深，流於瑣碎，故近人曹元弼曰：「《虞氏義》求象太密，於經文似爲碎義不急，恐學者苦其難而不知其益，故姚仲虞變通其法云。」〔註18〕姚配中不欲完全沉浸於象數之中，而忽略易道大旨，故轉向其他的漢、魏易學家尋找出口，最後發現鄭康成治易雖然也大幅使用象數爲釋，卻處處不忘義理上的闡發，遂依循鄭氏之學。

在乾、嘉遺風的影響下，嘉、道時期尚且留存不少專守漢易的學者，這些漢易學家目睹了前朝對象數易學發展過度的流弊，故從學術內在進行反動與改革：他們依舊是以漢、魏儒者爲宗，亦把象數之學作爲主要的解《易》工具，只是又格外注重義理闡發與經世思想。若是深入瞭解姚配中從虞氏易轉往鄭氏易的動機，以及其在《周易姚氏學》致力發展「易元」論的背後成因，即可略見一二。

四、重建鄭易與易元論

近人柯劭忞〈《周易姚氏學》提要〉曰：「大旨主發明鄭學，鄭君所未備者，取荀、虞諸家；所未及者，附加案語，亦本鄭君家法。由卦象以求義理，

〔註16〕引自林忠軍著：《象數易學發展史・東漢象數易學鼎盛・虞翻象數易學（下）》第1冊（濟南：齊魯書社，1994年7月），頁245。

〔註17〕王弼曰：「觸類可爲其象，合義可爲其徵。義苟在健，何必馬乎？類苟在順，何必牛乎？爻苟合順，何必〈坤〉乃爲牛？義苟應健，何必〈乾〉乃爲馬？而或者定馬於〈乾〉，案文責卦，有馬無〈乾〉，則僞說滋漫，難可紀矣。互體不足，遂及卦變；變又不足，推致五行。一失其原，巧愈彌甚。縱復或値，而義無所取。蓋存象忘意之由也。」引自〔魏〕王弼撰〔民國〕樓宇烈校釋：《周易注（附周易略例）・周易略例・明象》（北京：中華書局，2011年6月），頁415。

〔註18〕引自曹元弼撰：《周易學・明例・別例・張氏易學例》【民國四年刊本影印本】，收入嚴靈峯編輯：《無求備齋易經集成》第124冊（臺北：成文出版社，1976年），頁244。

一洗附會穿鑿之陋，至鄭君間取爻辰徵之星宿爲後人所駁斥者，配中悉皆刪去，一字不登，尤見擇善而從，不爲門戶之標榜，可謂善學鄭君者也。」〔註19〕姚配中雖然以鄭玄易爲宗，但綜覽《周易姚氏學》所引述的內容，卻不見鄭氏讓後人爭議的部份，可知姚氏對其易說並非照單全收，而是有一番取捨。姚配中尤其吸收了鄭玄「易三義」、「用九體〈乾〉」兩項易學理論，以及「以史事證《易》」、「以《易緯》治易」兩種解《易》方式，促使鄭氏易說融入自己的易學思想之中，並將之應用於《周易姚氏學》，不啻爲清人對鄭氏易學檢討與重建的一個案例。

　　「易中之元」自孔子《易傳》發之，漢代儒者尙且能明瞭其中道理，但隨著時代的流轉，逐漸無人通曉，時至清朝，惠棟、張惠言兩人才重新開啓「易元」之說。可惜的是，惠、張兩氏雖多所提及「易元」之種種，卻未深入探究，只是引述漢、魏儒者之言，且簡單說明其理而已，並沒有特別去鑽研「易元」之說，更遑論去建構一套「易元」理論系統。姚配中以元爲易之原，強調元無不在，自初至終，無非元之所爲，甚至將此作爲自己易學的核心，致力發明「易元」理論，終能揉合眾多漢、魏儒者對「元」的闡發，建構出一套「易元」理論系統，使之成爲一個較完整的思想體系，兼具繼承與開創之功，故光緒年間的張壽榮讚揚道：「明元之義，說甚塙鑿精深，有裨學者不淺。」〔註20〕姚配中對「易元」的重建與發明，便是《周易姚氏學》對易學研究的最大貢獻與價值。

第三節　《周易姚氏學》之缺失與檢討

　　姚配中及其《周易姚氏學》在易學上的意義與價值，已在前面一節介紹，本節將主動指出《周易姚氏學》的疏漏、缺失、不妥之處，並檢視尙秉和、曹元弼兩位前賢對姚氏易學的種種批判意見，冀望能給予此書較爲公允的評價。筆者從「文字」、「論據」、「思想」三方面探討，試著提出「文字訛誤」、「引述失當」、「學說評議」三項《周易姚氏學》的缺失進行論述。

〔註19〕引自中國科學院圖書館整理：《續修四庫全書總目提要【經部】·易類·《周易姚氏學》提要》上冊（北京：中華書局，1993 年 7 月），頁 106。
〔註20〕引自〔清〕姚配中撰：《姚氏易斆闡元·張壽榮跋》【花雨樓叢抄本】，收入《續修四庫全書·經部·易類》第 31 冊（上海：上海古籍出版社，2002 年 3 月），頁 12。

一、文字訛誤

　　《一經盧叢書》版本的《周易姚氏學》爲木活字排印，本身已難逃魯魚亥豕之弊，又加上此書爲姚配中逝世後，汪守成等弟子們集資所刊，未得姚氏親自審閱，故無法對刊印之誤進行修訂，造成書中訛誤橫生。這些錯誤，有些是載錄《周易》經文的錯字，譬如〈睽・六三〉在《周易姚氏學》遺漏一橫畫，刻成「六二」，而《周易》的〈睽〉第二爻爲陽爻，不可能出現〈睽・六二〉一詞。〔註21〕另見《周易姚氏學・蠱・初六》：「榦父之蠱，有子，考無咎，厲終吉。」〔註22〕若對照《周易》經文，即可知「榦父之蠱」應作「幹父之蠱」〔註23〕，「蠱」爲錯字；有些是在徵引其他文獻時，出現闕字問題，如《周易姚氏學・大過・上六》的虞氏注：「〈兌〉爲水澤。首也。」〔註24〕水澤爲何爲首？實讓人不明其義，必須取《漢學堂經解》對照，方知此處應作「〈兌〉爲水澤。頂，首也。」〔註25〕《周易姚氏學》漏了一個「頂」字；除此之外，尚有衍文之失，《周易姚氏學・繫辭上傳》曾援引《尚書・洪範》曰：「禹遂因而次第之，以成九類。」〔註26〕在對照下，可知「次」字爲衍文。〔註27〕應作「禹遂因而第之，以成九類。」雖然錯字、闕字、衍文等問題，都只是小瑕疵，且未必是

〔註21〕參照〔清〕姚配中撰：《周易姚氏學・睽・六三》卷十【一經盧叢書本】，收入《續修四庫全書・經部・易類》第 30 冊（上海：上海古籍出版社，2002年 3 月），頁 573。

〔註22〕引自〔清〕姚配中撰：《周易姚氏學・蠱・初六》卷六【一經盧叢書本】，收入《續修四庫全書・經部・易類》第 30 冊（上海：上海古籍出版社，2002年 3 月），頁 532。

〔註23〕參照〔魏〕王弼、〔晉〕韓康伯注〔唐〕孔穎達等正義：《周易正義・蠱・初六》卷三，收入〔清〕阮元校勘：《十三經注疏》（臺北：藝文印書館，2007年 8 月），頁 58。

〔註24〕引自〔清〕姚配中撰：《周易姚氏學・大過・上六》卷八【一經盧叢書本】，收入《續修四庫全書・經部・易類》第 30 冊（上海：上海古籍出版社，2002年 3 月），頁 553。

〔註25〕參照〔清〕黃奭編輯：《虞翻易注・大過・上六》，收入《黃氏逸書考》【民國十四年王鑒據懷荃室藏板修補本】第 1 冊（京都：中文出版社，1986 年 10月），頁 168。

〔註26〕引自〔清〕姚配中撰：《周易姚氏學・繫辭上傳》卷十四【一經盧叢書本】，收入《續修四庫全書・經部・易類》第 30 冊（上海：上海古籍出版社，2002年 3 月），頁 648。

〔註27〕參照舊題〔漢〕孔安國傳〔唐〕孔穎達等正義：《尚書正義・周書・洪範第六》卷十二，收入〔清〕阮元校勘：《十三經注疏》（臺北：藝文印書館，2007 年8 月），頁 168。

姚氏之誤，很可能是在刊刻過程中產生的，但不論如何，內容文字有所謬誤，很容易造成讀者在詮釋、理解上的偏差，影響內容涵義，故不得不提出此缺失。

二、引述未當

《周易姚氏學》釋《易》援用了諸多文獻資料，引述、論據皆十分多元且豐富，但數量一多，難免就會出現一些人為疏失。人為疏失大多屬於認知上的誤解或是無心之過，故使錯誤的型式包羅萬象，例如：引文出現錯別字、文字衍生或遺漏、文句剪裁不當、錯置字句等等皆是，此處便就引文的「出處標示」、「所引內容」、「使用方式」三方面來說明。首先，出處標示的問題大致又能分為：未能標示出處、指涉範圍過大、來源指稱錯誤三種，前兩種並不算是錯誤，只是未能幫助讀者追查其所徵引的原文，但第三種則會混淆視聽，造成讀者的困擾，《周易姚氏學》就曾發生此項錯誤，見〈比〉：

〈比〉：比，吉，原筮，元永貞，無咎。不寧方來，後夫凶。

案：不寧，不寧侯也。方來猶將來，不寧之侯亦將來，故〈象〉曰：

「上下應也。」〔註28〕

此段似乎是引〈象傳〉自證〈比〉卦卦辭，但若細查《周易·比·象傳》：「地上有水，比。先王以建萬國，親諸侯。」〔註29〕並無「上下應也」一句，此段案語的「不寧之侯亦將來」之後，應作「故〈彖〉曰」，而非「故〈象〉曰」，實為來源指稱錯誤。

所引內容的問題範圍較廣，引文剪裁未當、任意增添或刪改文字、類似文句相混雜等等皆是，基本上，任何對於原書既定文字的變更，大部分都是不妥善的，故徵引文獻時，應再三查核原書字句，此處以《周易姚氏學·大過·九四》引惠氏《周易述》之語為例：

〈大過·九四〉：棟隆，吉；有它，吝。

案：惠氏棟曰：初、四易位，故吉。過應上則橈，故有它吝。〔註30〕

〔註28〕引自〔清〕姚配中撰：《周易姚氏學·比》卷五【一經廬叢書本】，收入《續修四庫全書·經部·易類》第30冊（上海：上海古籍出版社，2002年3月），頁511。

〔註29〕引自〔魏〕王弼、〔晉〕韓康伯注〔唐〕孔穎達等正義：《周易正義·比·象傳》卷二，收入〔清〕阮元校勘：《十三經注疏》（臺北：藝文印書館，2007年8月），頁37。

〔註30〕引自〔清〕姚配中撰：《周易姚氏學·大過·九四》卷八【一經廬叢書本】，

《周易述》原文爲：「〈巽〉高爲隆，故棟隆。初、四易位，故吉。應上非正，故有它吝。」〔註31〕大過之時，非陽剛不能濟，初爻爲陰，四爻爲陽，皆不當位，惠氏以「初、四易位」而吉，若再應上，則過之，姚配中所引與《周易述》原文極爲相似，差異之處只在惠氏原本作「應上非正」，而姚配中卻作「過應上則橈」。橈代表彎曲，「過應上則橈」象徵棟樑過柔不正，姚氏將惠氏「應上非正」之說進一步引申，意旨雖近，卻擅自將自己的詮釋滲入其所引述的語句中，恐怕會讓人誤以爲是惠氏之說，此乃《周易姚氏學》改易徵引文獻原貌之實例。

最後是使用方式的問題，凡是斷章取義、誤解原文本旨、過度詮釋等等，可能會曲解被徵引者原意的錯誤，皆屬於此類，晚清譚獻《復堂日記》有一小段提及《周易姚氏學》，其云：「惟於《呂覽》、《淮南》單文片義，不能推明九師淵源，易家初祖，往往以異義斷章，存而不論。」〔註32〕譚氏認爲《周易姚氏學》裡頭所徵引的《呂氏春秋》和《淮南子》文句，都已被剪裁，取意也過於片面，無法推知淮南九師之本旨，見《周易姚氏學·遯·上九》：

〈遯·上九〉：肥遯，無不利。

案：二不及上，上失位，遯而之正，故無不利。肥遯者，樂其道無疾德者也。……《淮南子》曰：「子夏心戰而臞，得道而肥。」

〈原道文〉……「肥」，張衡〈思玄賦〉作「飛」，注引淮南九師道訓云：「遯而能飛，吉孰大焉？」案：飛喻無所拘係也。〔註33〕

姚配中轉引淮南九師道訓，並附加案語詮釋「飛」乃無所拘束之意。《周易姚氏學》此處徵引《淮南子》，主要是爲了解說《周易·遯·上九》之爻辭，甚至轉錄、剪裁淮南九師之訓，造成文句殘破，容易喪失本義，其中弊病，確實如同譚氏所指。

收入《續修四庫全書·經部·易類》第 30 冊（上海：上海古籍出版社，2002年 3 月），頁 553。

〔註31〕引自〔清〕惠棟撰〔民國〕鄭萬耕點校：《周易述·周易上經·大過·九四》卷四，上冊（北京：中華書局，2007 年 9 月），頁 82～83。

〔註32〕引自〔清〕譚獻撰：《復堂日記》卷五，收入李德龍、俞冰主編：《歷代日記叢抄》第 63 冊（北京：學苑出版社，2006 年 4 月），頁 318～319。

〔註33〕引自〔清〕姚配中撰：《周易姚氏學·大過·九四》卷八【一經廬叢書本】，收入《續修四庫全書·經部·易類》第 30 冊（上海：上海古籍出版社，2002年 3 月），頁 553。

三、學說評議

　　《周易姚氏學》揉合漢、魏、唐代諸家與惠、張二氏之說，重新建構了「易元」理論，對「易元」的形成、潛藏、發用、形態均有所論述，又對其大加闡發，在整個思想脈絡上，已經算是頗爲完備。然而，一個較爲嶄新的學說，勢必得承受後人的檢驗與評斷，後世議論姚配中易學者，則以尚秉和與曹元弼最爲詳贍，以下就以此兩名近代學者對《周易姚氏學》之評說爲主軸論述。首先見尚氏對其「易元」理論的批評：

> 姚氏蓋泥於〈乾·初九〉：「潛龍勿用」之言，而元則萬物資始，非不用也，故謂元自元，初九自初九。豈知〈復〉初即〈乾〉之初九，〈乾〉元在初子勿用，息至二則用矣，即推而至於四躍、五飛，仍此元也，與初九不異也。〈繫〉所謂周流六虛也。奈何欲析而二之乎？
> 〔註34〕

尚氏認爲姚配中太過拘泥「潛龍勿用」之辭，視元與初九爲二物，乃不知〈乾〉元在初只是潛藏，至二則用，至四而躍，至五而飛，未免不明《周易·繫辭下傳》：「爲道也屢遷，變動不居，周流六虛。」〔註35〕之理。又斥責姚氏質疑「七變九，八變六，非陰變陽，陽變陰。」甚爲荒謬，且加以解釋〈乾鑿度〉所謂變七之九，變八之六，皆就揲蓍而來，不應隨便臆測。〔註36〕並指出姚氏索求筮例太過：

> 姚氏又云：宋衷注〈革·九五〉虎變云：「九者，變爻。」若如常解，變而之陰，則五失位。夫〈革〉之對爲〈蒙〉，〈蒙〉皆〈革〉之九、六所變而成，及其既變，於本卦〈革〉何涉乎？是皆因不知〈用九〉、〈用六〉，文王以筮例示人，而求之過深，故有此疑誤也。〔註37〕

姚氏激問〈革·九五〉一旦變爲陰爻，五即失君位，又何來「大人虎變」之

〔註34〕引自中國科學院圖書館整理：《續修四庫全書總目提要【經部】·易類·《易學闡元》三篇》上冊（北京：中華書局，1993年7月），頁107。

〔註35〕引自〔魏〕王弼、〔晉〕韓康伯注，〔唐〕孔穎達等正義：《周易正義·繫辭下傳》卷八，收入〔清〕阮元校勘：《十三經注疏》（臺北：藝文印書館，2007年8月），頁173～174。

〔註36〕參閱中國科學院圖書館整理：《續修四庫全書總目提要【經部】·易類·《易學闡元》三篇》上冊（北京：中華書局，1993年7月），頁107。

〔註37〕引自中國科學院圖書館整理：《續修四庫全書總目提要【經部】·易類·《易學闡元》三篇》上冊（北京：中華書局，1993年7月），頁107。

辭？以此反駁陰陽變換之說。〔註38〕尙氏則解釋：一卦既變，便應該以變卦之辭爲主，〈革〉之旁通卦爲〈蒙〉，則當從〈蒙〉卦之辭，不應再涉及原本的〈革・九五〉爻辭，認爲姚氏的論點本身早有所誤。

　　曹元弼致力鑽研易學，於惠、張、姚三家尤其用心，其對姚配中易學的檢討，主要見於《周易學・姚氏易學例》最末一段，此段文字又被門生王欣夫載錄於《蛾術軒篋存善本書錄》中。〔註39〕曹氏相當注重易學的正統性，故其對《周易姚氏學》的三項批駁，皆就此而發：

> 據《乾鑿度》：「陽動而進，變七之九，陰動而退，變八之六」之文，於爻變外推出「畫變」一義，爲理藏于古而得之於今。然主持太過，據以説經處太多。又以「乾元」爲在「坤元」中，係《歸藏》首〈坤〉之義，非《周易》首〈乾〉之旨，且未免義涉老氏，學者分別觀之可也。

「畫變」這番理論請見於《周易姚氏學》卷首〈贊元〉〔註40〕，以及〈乾・用九〉〔註41〕的兩段文字，姚氏說明七、八爲陰、陽之象，亦屬於「畫」的一種，倘若七變爲九、八變爲六，則爲陽爻之變與陰爻之變，此即稱之爲「畫變」。曹氏率先讚揚《周易姚氏學》的「畫變」之說，認爲姚氏重新發掘古人義理，使之顯現於世，對此予以高度肯定，隨後便就「援《緯》過多」、「首卦非〈乾〉」、「義涉《老子》」三項批駁《周易姚氏學》。此段首先指出姚氏用《易緯・乾鑿度》解《易》之處太多，據筆者統計，單單〈贊元〉、〈釋數〉、

〔註38〕　參閱〔清〕姚配中撰：《周易姚氏學・序・贊元》卷首【一經盧叢書本】，收入《續修四庫全書・經部・易類》第 30 冊（上海：上海古籍出版社，2002年 3 月），頁 455。

〔註39〕　參照王欣夫撰；鮑正鵠、徐鵬標點整理：《蛾術軒篋存善本書錄・癸卯稿卷一・《周易姚氏學》十六卷》上冊（上海：上海古籍出版社，2002 年 12 月），頁 702～703。

〔註40〕　〈贊元〉：「一變而爲七，是今陽爻之象。七變而爲九，是今陽爻之變，八變而爲六，是今陰爻之變。二變而爲八，是今陰爻之象，然則畫者七八，由七八而變爲九六，是之謂變。」引自〔清〕姚配中撰：《周易姚氏學・序・贊元》卷首【一經盧叢書本】，收入《續修四庫全書・經部・易類》第 30 冊（上海：上海古籍出版社，2002 年 3 月），頁 455。

〔註41〕　〈乾・用九〉：「蓋七八者，陰陽之象，畫是也，畫之義發於〈彖〉。〈彖〉者，言乎象者也，故七八論卦，至若七變之九，八變之六，則占九六之爻，爻言乎變。所謂變者，變之九、變之六，由畫而變也。」引自〔清〕姚配中撰：《周易姚氏學・乾・用九》卷一【一經盧叢書本】，收入《續修四庫全書・經部・易類》第 30 冊（上海：上海古籍出版社，2002 年 3 月），頁 469。

〈定名〉卷首三篇，就徵引了十一次〈乾鑿度〉文句，確實有些太過；曹氏又批駁「『乾元』為在『坤元』中，係《歸藏》首〈坤〉之義」，此語恐怕誤讀姚書。《周易姚氏學》謂『乾元』為陽氣初始，無所不在，為天地之君，萬物莫能先之，平時潛藏於『坤元』之中，待發用而出〔註42〕，所謂「『乾元』潛伏於『坤元』之中」，是指「用九」潛藏，而非表示「坤元」反為之首；最後，曹氏言姚配中釋《易》「未免義涉老氏」，雖然《周易姚氏學》徵引《老子》之處，實在少之又少，但其思想核心「易元」論，又與《老子》書中「道」的形態、君主「無為而治」等概念相符合，可見姚氏應是間接內化了《老子》的思想，並將之融入自己的易學中，再加上姚配中曾撰寫〈讀老子〉、〈書老子體道章後〉等相關文章，內容多以《易》說《老》〔註43〕，在在驗證了曹氏之言。剔除「首卦非〈乾〉」的解讀後，以曹氏的觀點看來，《周易姚氏學》仍有「援《緯》過多」、「義涉《老子》」兩項缺失。

第四節　本論文之侷限與未來研究方向

本論文僅針對《周易姚氏學》一書進行研究，雖然此書乃姚配中畢生易學代表作，但因為排除了《周易通論月令》，尚且稱不上完全統攝姚氏易學，此乃本論文無可避免的缺陷，故本論文第一個侷限為「對姚配中易學的考究未周全」。在此情形下，後續對姚配中易學的相關研究至少又能分成四路：

一、通論類：將《周易通論月令》納入討論，更加全面地了解姚配中易學。

二、精深類：在本論文的基礎上，進一步探析《周易姚氏學》之各項內涵。

三、專題類：抽出某項議題深入鑽研，例如檢討「乾元潛伏」說的恰當性。

四、其他類：另外探究《周易通論月令》或《周易姚氏學》卷首三篇的內容。

本論文第二個侷限則是「各層面深入度不足」，例如：第六章「《周易姚

〔註42〕 參閱〔清〕姚配中撰：《周易姚氏學・坤・用六》卷三【一經廬叢書本】，收入《續修四庫全書・經部・易類》第 30 冊（上海：上海古籍出版社，2002 年 3 月），頁 490。

〔註43〕 張舜徽曾云：「惟所撰〈讀老子〉、〈書老子體道章後〉諸篇，比附《易》義，未見有當。……以《易》說《老》，徒形其恭。」據張氏之言，姚配中至少有二篇相關於《老子》的文章，內容多有「以《易》說《老》」之涵義，可惜現今已亡佚，無法再做進一步的探討。引自張舜徽著：《清人文集別錄・一經廬文鈔》卷十六，（武漢：華中師範大學出版社，2004 年 3 月），頁 397。

氏學》考索漢、魏易家之長」探討孟喜、京房、荀爽、虞翻、鄭玄等易說，本論文都只是就其援引實例論述而已，身爲漢學家的姚配中，應對各家自有獨到的因革損益之處，筆者礙於時間、篇幅，未能一一細查《周易姚氏學》對漢、魏諸家易學的開展。除此之外，本論文其他章節的內容大部分也都能再深化，甚至可以獨立爲議題性的討論。本論文第三個侷限是「研究視野較爲狹窄」，此爲從事專家、專書研究既定的不足之處，爲了盡量改善這點，筆者在第四章「清代學人對《周易姚氏學》之摩盪」描寫包世榮、劉文淇、柳興恩等安徽、江蘇士人，以及惠士奇、秦蕙田、姚鼐等享譽盛名的當代學者對姚配中及其《周易姚氏學》的直接、間接助益，亦多所介紹影響姚氏易學深遠的惠棟、張惠言兩人，期盼能稍微開闊本論文的研究視野，但所爲還是有限。以上便是本論文的三個侷限，之後的研究者若能反向操作，應能覓得不少研究空間與題材，姚配中及其《周易姚氏學》在今日的學術界，仍甚少被學者提及，筆者於此分享一些個人研究成果，冀能拋磚引玉，促使其他學術先進、同好注意到此人、此書之價值，讓這位被埋沒已久的易學家與再次沉寂的「易元」之說，得以重見天日。

徵引書目

一、姚配中著作

《周易姚氏學》（按出版時間先後排序）

1. 〔清〕姚配中撰：《周易姚氏學》【一經廬叢書木活字本】，收入王雲五主編：《國學基本叢書四百種》第 26 種（臺北：臺灣商務印書館，1968 年 3 月）。

2. 〔清〕姚配中撰：《周易姚氏學》【江陰南菁書院刻皇清經解續編刻本】，收入廣文編譯所編輯：《易學叢書》（臺北：廣文書局，1971 年 5 月）。

3. 〔清〕姚配中撰：《周易姚氏學》【江陰南菁書院刻皇清經解續編刻本】，收入楊家駱主編：《國學名著彙刊·周易集解之補正》（臺北：鼎文書局，1975 年 4 月）。

4. 〔清〕姚配中撰：《周易姚氏學》【江陰南菁書院刻皇清經解續編刻本】，收入嚴靈峯編輯：《無求備齋易經集成》（臺北：成文出版社，1976 年）。

5. 〔清〕姚配中撰：《周易姚氏學》【江陰南菁書院刻皇清經解續編刻本】，收入趙蘊如編次：《大易類聚初集》第 20 冊（臺北：新文豐，1983 年 10 月）。

6. 〔清〕姚配中撰：《周易姚氏學》【一經廬叢書木活字本】，收入《續修四庫全書·經部·易類》第 30 冊（上海：上海古籍出版社，2002 年 3 月）。

《周易通論月令》（按出版時間先後排序）

1. 〔清〕姚配中撰：《周易通論月令》【聚學軒叢書刻本】，收入嚴一萍選輯：《叢書集成續編·聚學軒叢書》第三集第一（臺北：藝文印書館，1970 年 6 月）。

2. 〔清〕姚配中撰：《周易通論月令》【聚學軒叢書刻本】，收入王德毅主編：李淑貞等人編輯：《叢書集成續編·哲學類·易類哲學》第 29 冊（臺北：

新文豐，1989 年 7 月）。

3. 〔清〕姚配中撰：《周易通論月令》【聚學軒叢書刻本】，收入陸國強等編
纂：《叢書集成續編・經部・易類・傳說之屬》第 3 冊（上海：上海書店，
1994 年 6 月）。

4. 〔清〕姚配中撰：《周易通論月令》【一經廬叢書本】，收入《續修四庫全
書・經部・易類》第 30 冊（上海：上海古籍出版社，2002 年 3 月）。

《易學闡元》（按出版時間先後排序）

1. 〔清〕姚配中撰：《易學闡元》【花雨樓叢抄本】，收入嚴靈峯編輯：《無求
備齋易經集成》第 122 冊（臺北：成文出版社，1976 年）。

2. 〔清〕姚配中撰：《易學闡元》【花雨樓叢抄本】，收入王德毅主編：李淑
貞等人編輯：《叢書集成續編・哲學類・易類哲學》第 29 冊（臺北：新
文豐，1989 年 7 月）。

3. 〔清〕姚配中撰：《姚氏易斅闡元》【花雨樓叢抄本】，收入《續修四庫全
書・經部・易類》第 31 冊（上海：上海古籍出版社，2002 年 3 月）。

《書學拾遺》

1. 〔清〕姚配中撰：《書學拾遺》【一經廬叢書本】，收入崔爾平編：《明清書
法論文選・姚配中》下冊（上海：上海書店，1994 年 2 月）。

二、易類專書

易類古籍（按作者時代先後排序）

1. 《乾坤鑿度》，收錄於上海古籍出版社編：《緯書集成》上冊（上海：上海
古籍出版社，1994 年 6 月）。

2. 〔漢〕鄭玄注：《周易乾鑿度》，收錄於上海古籍出版社編：《緯書集成》
上冊（上海：上海古籍出版社，1994 年 6 月）。

3. 〔漢〕鄭玄注〔宋〕王應麟輯〔清〕丁杰、張惠言等校訂：《周易鄭注》
【湖海樓叢書影印本】，收入《叢書集成初編》（北京：中華書局，1985
年）。

4. 〔三國〕陸績撰：《陸績京氏易傳》【明嘉靖間范氏天一閣刊刻影印本】，
收入嚴靈峯編輯：《無求備齋易經集成》第 177 冊（臺北：成文出版社，
1976 年）。

5. 〔魏〕王弼、〔晉〕韓康伯注〔唐〕孔穎達等正義：《周易正義》，收入〔清〕
阮元校勘：《十三經注疏》（臺北：藝文印書館，2007 年 8 月）。

6. 〔魏〕王弼撰〔民國〕樓宇烈校釋：《周易注（附周易略例）》（北京：中
華書局，2011 年 6 月）。

7. 〔唐〕史徵撰：《周易口訣義》【岱南閣叢書本】，收入《叢書集成初編》

（北京：中華書局，1985 年）。

8. 〔唐〕李鼎祚輯：《周易集解》【學津討原本】，收入《叢書集成初編》（北京：中華書局，1985 年）。

9. 〔宋〕程頤著：《周易程氏傳》，收入〔宋〕程顥、程頤著〔民國〕王孝魚點校：《二程集》下冊（北京：中華書局，2008 年 7 月）。

10. 〔宋〕朱熹撰〔民國〕廖名春點校：《周易本義》（北京：中華書局，2009 年 11 月）。

11. 〔清〕傅以漸、曹本榮奉敕撰：《易經通注》，收入〔清〕永瑢、紀昀等纂修：《景印文淵閣四庫全書・經部・易類》第 37 冊（臺北：臺灣商務印書館，1986 年 3 月）。

12. 〔清〕牛鈕等奉敕撰：《日講易經解義》，收入〔清〕永瑢、紀昀等纂修：《景印文淵閣四庫全書・經部・易類》第 37 冊（臺北：臺灣商務印書館，1986 年 3 月）。

13. 〔清〕李光地等奉敕撰：《御纂周易折中》，收入〔清〕永瑢、紀昀等纂修：《景印文淵閣四庫全書・經部・易類》第 38 冊（臺北：臺灣商務印書館，1986 年 3 月）。

14. 〔清〕傅恆等奉敕撰：《御纂周易述義》，收入〔清〕永瑢、紀昀等纂修：《景印文淵閣四庫全書・經部・易類》第 38 冊（臺北：臺灣商務印書館，1986 年 3 月）。

15. 〔清〕惠士奇撰：《易說》，收入《易學叢書續編》（臺北：廣文書局，1974 年 9 月）。

16. 〔清〕惠棟撰：《周易述》，收入〔清〕阮元編纂：《皇清經解》第 5 冊（臺北：復興書局，1972 年 11 月）。

17. 〔清〕惠棟撰〔民國〕鄭萬耕點校：《周易述》（北京：中華書局，2007 年 9 月）。

18. 〔清〕惠棟撰：《易漢學》【據清光緒二十二年彙文軒刊本影印】，收入嚴靈峯編輯：《無求備齋易經集成》第 119 冊（臺北：成文出版社，1976 年）。

19. 〔清〕孫星衍撰：《周易集解》第 1 冊【粵雅堂叢書本】，收入《叢書集成初編》（北京：中華書局，1985 年）。

20. 〔清〕孫星衍校：《周易口訣義》第 1 冊【岱南閣叢書本】，收入《叢書集成初編》（北京：中華書局，1985 年）。

21. 〔清〕吳曰慎撰：《周易本義爻徵》【清道光二十年李錫齡刻惜陰軒叢書影印本】，收入《續修四庫全書・經部・易類》第 17 冊（上海：上海古籍出版社，2002 年 3 月）。

22. 〔清〕江藩撰：《周易述補》，收入〔清〕阮元編纂：《皇清經解》第 16 冊

（臺北：復興書局，1972 年 11 月）。

23. 〔清〕張惠言撰：《周易虞氏義》【清嘉慶八年阮氏琅嬛仙館刻本】，收入
《續修四庫全書・經部・易類》第 26 冊（上海：上海古籍出版社，2002
年 3 月）。

24. 〔清〕焦循撰：《江都焦氏雕菰樓易學》【清江都焦氏刻雕菰樓易學本】，
收入《續修四庫全書・經部・易類》第 27 冊（上海：上海古籍出版社，
2002 年 3 月）。

25. 〔清〕李富孫輯：《李氏易解賸義》，收入《續修四庫全書・經部・易類》
第 27 冊（上海：上海古籍出版社，2002 年 3 月）。

26. 〔清〕朱駿聲著〔民國〕胡雙寶點校：《六十四卦經解》（北京：國家圖書
館出版社，2008 年 7 月）。

27. 〔清〕方申撰：《方氏易學五書》【清光緒十四年江陰南菁書院刻南菁書院
叢書本】，收入《續修四庫全書・經部・易類》第 30 冊（上海：上海古
籍出版社，2002 年 3 月）。

28. 〔清〕陳壽熊著：《讀易漢學私記》，收入〔清〕王先謙編〔民國〕王進祥
重編：《重編本皇清經解續編》第 1 冊（臺北：漢京文化事業，1986 年）。

29. 〔清〕紀磊撰：《虞氏逸象考正》及《續纂》【民國十二年吳興劉氏嘉業堂
刻吳興叢書本】，收入《續修四庫全書・經部・易類》第 35 冊（上海：
上海古籍出版社，2002 年 3 月）。

30. 〔清〕孫堂編輯：《漢魏二十一家易注》【清嘉慶四年映雪草堂刊本】，收
入嚴靈峯編輯：《無求備齋易經集成》第 169 冊（臺北：成文出版社，1976
年）。

31. 〔清〕黃奭編輯：《孟喜易章句》，收入《黃氏逸書考》【民國十四年王鑒
據懷荃室藏板修補本】第 1 冊（京都：中文出版社，1986 年 10 月）。

32. 〔清〕黃奭編輯：《荀爽易言》，收入《黃氏逸書考》【民國十四年王鑒據
懷荃室藏板修補本】第 1 冊（京都：中文出版社，1986 年 10 月）。

33. 〔清〕黃奭編輯：《虞翻易注》，收入《黃氏逸書考》【民國十四年王鑒據
懷荃室藏板修補本】第 1 冊（京都：中文出版社，1986 年 10 月）。

近代易著（按出版時間先後排序）

1. 屈萬里著：《先秦漢魏易例述評》（臺北：臺灣學生書局，1969 年 4 月）。

2. 尚秉和：《焦氏易詁》（臺北：臺灣中華書局，1971 年 10 月）。

3. 曹元弼撰：《周易學》【民國四年刊本影印本】，收入嚴靈峯編輯：《無求
備齋易經集成》第 124 冊（臺北：成文出版社，1976 年）。

4. 胡自逢著：《周易鄭氏學》（臺北：文史哲出版社，1990 年 7 月）。

5. 廖名春、康學偉、梁韋弦著：《周易研究史》（長沙：湖南出版社，1991

年 7 月）。

6. 朱伯崑著：《易學哲學史》（臺北：藍燈文化事業，1991 年 9 月）。

7. 山東省圖書館編：《易學書目》（濟南：齊魯書局，1993 年 12 月）。

8. 林忠軍著：《象數易學發展史》第 1 冊（濟南：齊魯書社，1994 年 7 月）。

9. 戴君仁著：《談易》（臺北：臺灣開明書店，1995 年 3 月）。

10. 劉玉建：《兩漢象數易學研究》（南寧：廣西教育出版社，1996 年 9 月）。

11. 張善文著：《象數與義理》（臺北：洪葉文化事業，1997 年 1 月）。

12. 王新春撰：《周易虞氏學》（臺北：頂淵文化事業，1999 年 2 月）。

13. 徐志銳著：《周易大傳新注》上冊（臺北：里仁書局，2001 年 3 月）。

14. 黃尚信等編：《周易著述考》上冊（臺北：國立編譯館，2002 年 12 月）。

15. 尚秉和注：《焦氏易林注》，收入張善文等校理：《尚氏易學存稿校理》第 2 卷上（北京：中國大百科全書出版社，2005 年 6 月）。

16. 黃壽祺撰：《易學羣書平議》，收入張善文等校理：《尚氏易學存稿校理‧附編》第 3 卷（北京：中國大百科全書出版社，2005 年 6 月）。

17. 吳承仕撰：《檢齋讀易提要》，收入張善文等校理：《尚氏易學存稿校理‧附編》第 3 卷（北京：中國大百科全書出版社，2005 年 6 月）。

18. 尚秉和撰：《易說評議》，收入張善文等校理：《尚氏易學存稿校理》第 3 卷（北京：中國大百科全書出版社，2005 年 6 月）。

19. 張善文著：《歷代易學要籍解題》（臺北：頂淵文化事業，2006 年 2 月）。

20. 黃師忠天著：《周易程傳註評》（高雄：復文圖書出版社，2006 年 3 月）。

21. 潘雨廷著；張文江整理：《讀易提要》（上海：上海古籍出版社，2006 年 6 月）。

22. 許老居著：《京氏易傳發微》（臺北：新文豐，2007 年 5 月）。

23. 高懷民著：《兩漢易學史》（桂林：廣西師範大學出版社，2007 年 7 月）。

24. 徐芹庭著：《易經源流》下冊（北京：中國書店，2008 年 4 月）。

25. 曹元弼撰：《周易集解補釋》，收入林慶彰主編：《民國時期經學叢書（第一輯）》第 27 冊（臺中：文听閣圖書有限公司，2008 年 7 月）。

26. 杭辛齋撰：《學易筆談》，收入林慶彰主編：《民國時期經學叢書（第二輯）》第 21 冊（臺中：文听閣圖書有限公司，2008 年 7 月）。

27. 賴貴三著：《焦循《雕菰樓易學三書》研究》，收入林慶彰主編：《中國學術思想研究輯刊‧初編》第 4 冊（臺北：花木蘭文化出版社，2008 年 9 月）。

28. 康全誠著：《清代《易》學八家研究》，收入《中國學術思想研究輯刊‧初編》第 5 冊（臺北：花木蘭文化出版社，2008 年 9 月）。

29.《中華易學大辭典》編輯委員會編:《中華易學大辭典》(上海:上海古籍出版社,2008 年 12 月)。

30. 汪學群著《清代中期易學》(北京:社會科學文獻出版社,2009 年 7 月)。

31. 陳伯适著:《惠棟易學研究》,收入林慶彰主編:《中國學術思想研究輯刊五編》第 9〜12 冊(臺北:花木蘭文化出版社,2009 年 9 月)。

32. 徐芹庭著:《漢易闡微》上冊(北京:中國書店,2010 年 1 月)。

三、經部相關專書

傳統文獻(按作者時代先後排序)

1.〔漢〕伏勝撰;鄭玄注〔清〕袁鈞輯:《尚書大傳》,收入古風主編:《經學輯佚文獻匯編‧尚書類》第 7 冊(北京:國家圖書館出版社,2010 年 7 月)。

2.〔漢〕韓嬰著〔清〕周廷寀校注:《韓詩外傳附補逸校注拾遺》【畿輔叢書本】,收入《叢書集成初編》(北京:中華書局,1985 年)。

3. 舊題〔漢〕孔安國傳〔唐〕孔穎達等正義:《尚書正義》,收入〔清〕阮元校勘:《十三經注疏》(臺北:藝文印書館,2007 年 8 月)。

4.〔漢〕毛亨傳;鄭玄箋〔唐〕孔穎達等正義:《毛詩正義》,收入〔清〕阮元校勘:《十三經注疏》(臺北:藝文印書館,2007 年 8 月)。

5.〔漢〕許慎撰,〔清〕段玉裁注:《新添古音說文解字注》(臺北:洪葉文化,2001 年 10 月)。

6.〔漢〕趙岐注:舊題〔宋〕孫奭疏:《孟子注疏》,收入〔清〕阮元校勘:《十三經注疏》(臺北:藝文印書館,2007 年 8 月)。

7.〔漢〕鄭玄注〔唐〕賈公彥等疏:《周禮注疏》,收入〔清〕阮元校勘:《十三經注疏》(臺北:藝文印書館,2007 年 8 月)。

8.〔漢〕鄭玄注;〔唐〕賈公彥疏:《儀禮注疏》,收入〔清〕阮元校勘:《十三經注疏》(臺北:藝文印書館,2007 年 8 月)。

9.〔漢〕鄭玄注〔唐〕孔穎達等正義:《禮記正義》,收入〔清〕阮元校勘:《十三經注疏》(臺北:藝文印書館,2007 年 8 月)。

10.〔漢〕何休解詁;舊題〔唐〕徐彥疏:《春秋公羊傳注疏》,收入〔清〕阮元校勘:《十三經注疏》(臺北:藝文印書館,2007 年 8 月)。

11.〔魏〕何晏注〔宋〕邢昺疏:《論語注疏》,收入〔清〕阮元校勘:《十三經注疏》(臺北:藝文印書館,2007 年 8 月)。

12. 舊題〔晉〕范甯集解〔唐〕楊士勛疏:《春秋穀梁傳注疏》,收入〔清〕阮元校勘:《十三經注疏》(臺北:藝文印書館,2007 年 8 月)。

13.〔晉〕杜預集解〔唐〕孔穎達等正義:《春秋左傳正義》,收入〔清〕阮元

校勘：《十三經注疏》（臺北：藝文印書館，2007 年 8 月）。

14.〔晉〕郭璞注〔宋〕邢昺疏：《爾雅注疏》，收入〔清〕阮元校勘：《十三經注疏》（臺北：藝文印書館，2007 年 8 月）。

15.〔唐〕唐玄宗御注〔宋〕邢昺疏：《孝經注疏》，收入〔清〕阮元校勘：《十三經注疏》（臺北：藝文印書館，2007 年 8 月）。

16.〔宋〕王應麟撰：《詩攷》【津逮秘書本】，收入《叢書集成初編》（北京：中華書局，1985 年）。

17.〔清〕惠棟撰：《九經古義》【貸園叢書本】，收入《叢書集成初編》（北京：中華書局，1985 年）。

18.〔清〕秦蕙田著；〔清〕秦蕙田、盧文弨、姚鼐等手校：《五禮通考》【味經窩初刻試印本】（新北市：聖環圖書，1994 年 5 月）。

19.〔清〕姚鼐撰：《惜抱軒九經說》【同治五年省心閣刻惜抱軒全集本】，收入《續修四庫全書‧經部‧群經總義類》第 172 冊（上海：上海古籍出版社，2002 年 3 月）。

20.〔清〕孫希旦著：《禮記集解》（臺北：文史哲出版社，1990 年 8 月）。

21.〔清〕孫星衍撰：《尚書今古文注疏》第 1 冊【平津館叢書本】，收入《叢書集成初編》（北京：中華書局，1985 年）。

22.〔清〕張惠言撰：《儀禮圖》【上海辭書出版社圖書館藏清嘉慶十年刻本】，收入《續修四庫全書‧經部‧禮類》第 90 冊（上海：上海古籍出版社，2002 年 3 月）。

23.〔清〕阮元編纂：《皇清經解》第 20 冊（臺北：復興書局，1972 年 11 月）。

24.〔清〕王引之撰：《經義述聞》【據清道光七年王氏京師刻本影印】，收入《續修四庫全書‧經部‧群經總義類》第 174 冊（上海：上海古籍出版社，2002 年 3 月）。

25.〔清〕包世榮撰：《毛詩禮徵》【清道光八年刻本】，收入《續修四庫全書‧經部‧詩類》第 69 冊（上海：上海古籍出版社，2002 年 3 月）。

26.〔清〕薛傳均撰：《文選古字通疏證》，收入王德毅主編：《叢書集成續編》第 103 冊（臺北：新文豐，1989 年 7 月）。

27.〔清〕劉寶楠、劉恭冕撰：《論語正義》（臺北：世界書局，1983 年 3 月）。

28.〔清〕柳興恩撰：《穀梁大義述》【光緒十四年南菁書院刻皇清經解續編本】，收入《續修四庫全書‧經部‧春秋類》第 132 冊（上海：上海古籍出版社，2002 年 3 月）。

29.〔清〕桂文燦著：《經學博采錄》（臺北：明文書局，1992 年 8 月）。

30.〔清〕蘇輿撰〔民國〕鍾哲點校：《春秋繁露義證》（北京：中華書局，2010 年 1 月）。

31. 〔清〕皮錫瑞撰〔民國〕周予同注釋:《經學歷史》【四部刊要本】(臺北:
漢京文化事業,1983 年 9 月)。

32. 〔清〕皮錫瑞著:《經學通論》(北京:中華書局,2008 年 6 月)。

近代論著(按出版時間先後排序)

1. 王夢鷗撰:《禮記校證》(臺北:藝文印書館,1976 年 12 月)。

2. 中國科學院圖書館整理:《續修四庫全書總目提要【經部】》上冊(北京:
中華書局,1993 年 7 月)。

3. 鍾肇鵬主編;于首奎、周桂鈿、鍾肇鵬校釋:《春秋繁露校釋》,收入孔
子文化大全編輯部編輯:《孔子文化大全》(濟南:山東友誼出版社,1994
年 12 月)。

4. 湯志鈞著;楊國寬校對:《經學史論集》(臺北:大安出版社,1995 年 6
月)。

5. 張高評著:《左傳導讀》(臺北:文史哲出版社,1995 年 10 月)。

6. 錢玄著:《三禮通論》(南京:南京師範大學出版社,1996 年 10 月)。

7. 方向東撰:《大戴禮記彙校集解》(北京:中華書局,2008 年 7 月)。

8. 湯志鈞著:《近代經學與政治》(北京:中華書局,2008 年 8 月)。

9. 林文華著:《戴震經學之研究(下)》,收入林慶彰主編:《中國學術思想
研究輯刊·初編》第 26 冊(臺北:花木蘭文化出版社,2008 年 9 月)。

四、史部相關專書

傳統文獻(按作者時代先後排序)

1. 舊題〔周〕左丘明撰〔三國吳〕韋昭注:《國語》,收入《四部刊要·史
部·雜史類》(臺北:漢京文化事業,1983 年 12 月)。

2. 〔漢〕司馬遷撰:《史記》(北京:中華書局,2010 年 5 月)。

3. 〔漢〕班固等撰〔唐〕顏師古注:《漢書》(北京:中華書局,2007 年 10
月)。

4. 〔漢〕荀悅撰:《前漢紀》(臺北:華正書局,1974 年 7 月)。

5. 〔晉〕陳壽撰〔宋〕裴松之注:《三國志》(北京:中華書局,2007 年 5
月)。

6. 〔南朝宋〕范曄撰〔唐〕李賢等注:《後漢書》,收入《新校本廿五史》(臺
北:史學出版社,1974 年 5 月)。

7. 〔唐〕長孫無忌等撰:《隋書》【元饒州路學刊本】,收錄於成文出版社編
纂:《仁壽本二十六史》第 21 冊(臺北:成文出版社,1971 年 10 月)。

8. 〔宋〕王應麟撰:《漢書藝文志考證》,收入〔清〕永瑢、紀昀等纂修:《景
印文淵閣四庫全書·史部·目錄類》第 675 冊(臺北:臺灣商務印書館,

1986 年 3 月）。

9. 〔明〕宋濂等撰：《元史》【明洪武刊本】，收錄於成文出版社編纂：《仁壽本二十六史》第 48 冊（臺北：成文出版社，1971 年 10 月）。

10. 〔清〕紀昀等撰：《欽定四庫全書總目》第 1 冊（臺北：藝文印書館，2004 年 10 月）。

11. 〔清〕永瑢、紀昀等纂修：《欽定四庫全書簡明目錄》，收入《景印文淵閣四庫全書》第 6 冊（臺北：臺灣商務印書館，1986 年 3 月）。

12. 〔清〕段玉裁編：《戴東原先生年譜》，收入北圖社古籍影印編輯室輯：《乾嘉名儒年譜》第 5 冊（北京：北京圖書館出版社，2006 年 7 月）。

13. 〔清〕錢儀吉纂〔民國〕靳斯校點：《碑傳集》第 11 冊（北京：中華書局，2008 年 5 月）。

14. 〔清〕李元度著：《國朝先正事略》，收入沈雲龍主編：《近代中國史料叢刊》第 12 輯（臺北：文海出版社，1973 年 12 月）。

15. 〔清〕沈葆楨、吳坤修等修；何紹基、楊沂孫等纂：《重修安徽通志》【清光緒四年刻本】，收入《續修四庫全書‧史部‧地理類》第 654 冊（上海：上海古籍出版社，2002 年 3 月）。

16. 〔清〕丁仁編：《八千卷樓書目》【錢塘丁氏聚珍倣宋版印】第 1 冊（臺北：廣文書局，1970 年 6 月）。

17. 〔清〕張之洞撰：范希曾補正〔民國〕蒙文通校點：《書目答問補正（校點本）》（臺北：漢京文化事業，1984 年 1 月）。

18. 〔清〕繆荃孫編：《續碑傳集》，收入《清碑傳合集》第 3 冊（上海：上海書店，1988 年 4 月）。

19. 〔清〕鄭福照編：《姚惜抱先生年譜》【同治七年刻本】，收入北圖社古籍影印編輯室輯：《乾嘉名儒年譜》第 7 冊（北京：北京圖書館出版社，2006 年 7 月）。

20. 〔清〕馬其昶著〔民國〕毛伯舟點校：《桐城耆舊傳》（合肥：黃山書社，1990 年 2 月）。

21. 〔清〕康有為撰：《戊戌奏稿》，收入蔣貴麟主編：《康南海先生遺著彙刊（十二）》（臺北：宏業書局，1976 年 9 月）。

22. 〔清〕王椿林修：胡承珙纂：《安徽省旌德縣續志》【民國十四年重刊本】，收入《中國方志叢書‧華中地方》第 228 號（臺北：成文出版社，1975 年）。

近代論著（按出版時間先後排序）

1. 清史編纂委員彙編纂：《清史》第 3 冊（臺北：國防研究院，1961 年 3 月）。

2. 蔣元卿著：《校讎學史》（臺北：臺灣商務印書館，1967 年 5 月）。

3. 陸又言編著：《中國七大典籍纂修考》（臺北：啓業書局，1968 年 2 月）。

4. 彭國棟纂修：《重修清史藝文志》（臺北：臺灣商務印書館，1968 年 6 月）。

5. 顧頡剛編著：《古史辨》第 3 冊（臺北：明倫出版社，1970 年 3 月）。

6. 金天翮撰：《皖志列傳稿》【民國二十五年刊本】，收入《中國方志叢書‧華中地方》第 239 號（臺北：成文出版社，1974 年 12 月）。

7. 徐復觀著：《增訂兩漢思想史（第二卷）》（臺北：臺灣學生書局，1976 年 6 月）。

8. 余英時撰：《論戴震與章學誠——清代中期學術思想史研究》（臺北：華世出版社，1977 年 9 月）。

9. 余英時著：《中國知識階層史論〈古代篇〉》（臺北：聯經出版事業，1980 年 8 月）。

10. 孫殿起撰：《販書偶記》，收入《四部刊要‧史部‧目錄類》（臺北：漢京文化事業，1984 年 7 月）。

11. 孫殿起撰：《販書偶記續編》，收入《四部刊要‧史部‧目錄類》（臺北：漢京文化事業，1984 年 7 月）。

12. 安徽通志館纂編：《安徽通志稿》【民國二十三年鉛印本】，收入《中國方志叢書‧華中地方》第 629 號第 17 冊、第 25 冊（臺北：成文出版社，1985 年 3 月）。

13. 國史館編：《清史稿校註》第 1 冊（臺北：國史館，1986 年 2 月）。

14. 國史館編：《清史稿校註》第 4 冊（臺北：國史館，1986 年 7 月）。

15. 國史館編：《清史稿校註》第 5 冊（臺北：國史館，1986 年 9 月）。

16. 閔爾昌編：《碑傳集補》，收入《清碑傳合集》第 4 冊（上海：上海書店，1988 年 4 月）。

17. 國史館編：《清史稿校註》第 11 冊（臺北：國史館，1989 年 2 月）。

18. 梁啓超著：《近代學風之地理的分布》，收入《飲冰室合集（四十一）》第 5 冊（北京：中華書局，1989 年 3 月）。

19. 國史館編：《清史稿校註》第 14 冊（臺北：國史館，1990 年 2 月）。

20. 國史館編：《清史稿校註》第 15 冊（臺北：國史館，1990 年 5 月）。

21. 吳忠匡總校訂；褚德新副校訂：《滿漢名臣傳》（哈爾濱：黑龍江人民出版社，1991 年 12 月）。

22. 梁啓超著：《中國近三百年學術史》（臺北：華正書局，1994 年 8 月）。

23. 錢穆著：《中國近三百年學術史》上冊（臺北：臺灣商務印書館，1996 年 7 月）。

24. 支偉成編：《清代樸學大師列傳》（湖南：岳麓書社，1998 年 8 月）。

25. 曹書傑著:《中國古籍輯佚學論稿》(長春:東北師範大學出版社,1998年 9 月)。

26. 劉錦藻撰:《清朝續文獻通考》第 3 冊(浙江:浙江古籍出版社,2000年 1 月)。

27. 〔日〕小澤文四郎編:《劉孟瞻先生年譜》【民國二十八年鉛印本】,收入《晚清名儒年譜》第 2 冊(北京:北京圖書館出版社,2006 年 12 月)。

28. 王欣夫撰;鮑正鵠、徐鵬標點整理:《蛾術軒篋存善本書錄》上冊(上海:上海古籍出版社,2008 年 4 月)。

29. 梁啓超著:《清代學術概論》(臺北:臺灣商務印書館,2008 年 10 月)。

30. 徐世昌等編纂;沈芝盈、梁運華點校:《清儒學案》第 2 冊、第 3 冊、第 6 冊(北京:中華書局,2008 年 10 月)。

31. 喻春龍著:《清代輯佚研究》(上海:上海古籍出版社,2010 年 6 月)。

五、子部相關專書

傳統文獻(按作者時代先後排序)

1. 〔春秋〕孫武撰〔三國〕曹操等注〔民國〕楊丙安校理:《十一家注孫子校理》(北京:中華書局,2009 年 5 月)。

2. 〔秦〕呂不韋主編〔民國〕陳奇猷校釋:《呂氏春秋校釋》(臺北:華正書局,1985 年 8 月)。

3. 〔秦〕呂不韋主編〔清〕畢沅校正:《呂氏春秋》【經訓堂叢書本】,收入四川大學古籍整理研究所、中華諸子寶藏編纂委員會編:《諸子集成新編》第九冊(成都:四川人民出版社,1998 年 2 月)。

4. 〔漢〕劉安主編;高誘注:《淮南子注》,收入楊家駱主編:《增補中國思想名著》(臺北:世界書局,1965 年 4 月)。

5. 〔漢〕揚雄撰〔宋〕司馬光集注〔民國〕劉韶軍點校:《太玄集注》(北京:中華書局,2010 年 3 月)。

6. 〔魏〕王弼注,〔民國〕樓宇烈校釋:《老子道德經注校釋》(北京:中華書局,2009 年 3 月)。

7. 〔宋〕張載撰:朱熹注:《張子全書》【高安朱氏藏書校刊本】,收入《四部備要·子部》(臺北:臺灣中華書局,1966 年 3 月)。

8. 〔宋〕王應麟著〔清〕翁元圻等注〔民國〕欒保羣、田松青、呂宗力校點:《困學紀聞》上冊(上海:上海古籍出版社,2008 年 12 月)。

9. 〔宋〕王守仁語錄〔民國〕正中書局編審委員會編校:《王陽明傳習錄附大學問》(臺北:正中書局,1976 年 4 月)。

10. 〔清〕張志聰集注:《黃帝內經素問》【明萬曆三十七年刻本影印本】,收

入《續修四庫全書‧子部‧醫家類》第 980 冊（上海：上海古籍出版社，2002 年 3 月）。

11. 〔清〕張志聰集注：《靈樞經》【清康熙刻本影印本】，收入《續修四庫全書‧子部‧醫家類》第 981 冊（上海：上海古籍出版社，2002 年 3 月）。

12. 〔清〕孫星衍、黃以周校：《晏子春秋》（上海：上海古籍出版社，1989 年 9 月）。

13. 〔清〕陳立撰〔民國〕吳則虞點校：《白虎通疏證》下冊（北京：中華書局，2007 年 10 月）。

14. 〔清〕俞樾撰：《諸子平議》，收入徐德明、吳平主編：《清代學術筆記叢刊》第 59 冊（北京：學苑出版社，2005 年 9 月）。

15. 〔清〕王先謙集解：《荀子集解》（臺北：藝文印書館，1967 年 7 月）。

16. 〔清〕孫詒讓〔民國〕李笠校補：《校補定本墨子閒詁》（臺北：藝文印書館，1969 年 10 月）。

近代論著（按出版時間先後排序）

1. 胡適著：《淮南王書‧手稿影印本》（臺北：臺灣商務印書館，1962 年 9 月）。

2. 胡適著：《戴東原的哲學》（臺北：臺灣商務印書館，1963 年 5 月）。

3. 梁啓超著：《儒家哲學》（臺北：臺灣中華書局，1980 年 2 月）。

4. 郭沫若、聞一多、許維遹等集校：《管子集校》下冊（東京：東豐書店，1981 年 10 月）。

5. 黃暉撰：《論衡校釋》第 4 冊（北京：中華書局，1995 年 5 月）。

6. 劉韶軍著：《太玄校注》（武漢：華中師範大學出版社，1996 年 6 月）。

7. 鮑國順著：《戴震研究》（臺北：國立編譯館，1997 年 5 月）。

8. 陳麗桂校注：《新編淮南子》（臺北：國立編譯館，2002 年 4 月）。

9. 陳祖武、朱彤窗著：《乾嘉學派研究》（石家莊：河北人民出版社，2005 年 10 月）。

10. 張舜徽著：《鄭學叢著》，收入《張舜徽集》（武漢：華中師範大學出版社，2005 年 12 月）。

11. 李開著：《戴震評傳》，收入匡亞明主編：《中國思想家評傳叢書》第 166 冊（南京：南京大學出版社，2006 年 6 月）。

12. 王達敏著：《姚鼐與乾嘉學派》（北京：學苑出版社，2007 年 11 月）。

13. 周德良著：《白虎通暨漢禮研究》（臺北：臺灣學生書局，2007 年 12 月）。

14. 周德良著：《《白虎通》讖緯思想之歷史研究》，收入林慶彰主編：《中國學術思想研究輯刊‧初編》第 23 冊（臺北：花木蘭文化出版社，2008

年 9 月）。

六、集部相關專書

傳統文獻（按作者時代先後排序）

1. 〔漢〕孔融：《孔北海集》，收入〔清〕永瑢、紀昀等纂修：《景印文淵閣四庫全書・集部二・別集類》第 1063 冊（臺北：臺灣商務印書館，1986 年 3 月）。

2. 〔南朝宋〕劉義慶撰〔南朝梁〕劉孝標注〔民國〕徐震堮校箋：《世說新語校箋》（臺北：文史哲出版社，1985 年 7 月）。

3. 〔清〕惠棟撰：《松崖文鈔》【清光緒劉氏刻聚學軒叢書本】，收入《續修四庫全書・集部・別集類》第 1427 冊（上海：上海古籍出版社，2002 年 3 月）。

4. 〔清〕盧文弨撰：《抱經堂文集》【抱經堂叢書本】，收入《叢書集成初編》（北京：中華書局，1985 年）。

5. 〔清〕紀昀著：《閱微草堂筆記》，收入《筆記小說大觀》二十八編（臺北：新興書局，1979 年 7 月）。

6. 〔清〕戴震撰〔民國〕張岱年主編：《戴震全書》第 2 冊、第 6 冊（合肥：黃山書社，1995 年 10 月）。

7. 〔清〕錢大昕撰〔民國〕呂友仁標校：《潛研堂文集》（上海：上海古籍出版社，1989 年 11 月）。

8. 〔清〕姚鼐撰：《惜抱軒文後集》，收入沈雲龍主編：《近代中國史料叢刊續編・惜抱軒文集》第 69 輯（臺北：文海出版社，1979 年 11 月）。

9. 〔清〕孫星衍撰：《五松園文稿》【岱南閣叢書本】，收入《叢書集成初編》（北京：中華書局，1985 年）。

10. 〔清〕孫星衍撰：《孫淵如先生全集》【民國八年商務印書館四部叢刊影印清嘉慶刻本】，收入《續修四庫全書・集部・別集類》第 1477 冊（上海：上海古籍出版社，2002 年 3 月）。

11. 〔清〕惲敬撰：《大雲山房文稿》，收入楊家駱主編：《中國文學名著第六集》第 23 冊（臺北：世界書局，1964 年 2 月）。

12. 〔清〕張惠言撰：《茗柯文》，收入楊家駱主編：《中國文學名著第六集》第 24 冊（臺北：世界書局，1964 年 2 月）。

13. 〔清〕張惠言錄；董子遠續錄：《詞選》（臺北：廣文書局，1979 年 6 月）。

14. 〔清〕阮元著：《揅經室集》第 6 冊【文選樓叢書本】，收入《叢書集成初編》（北京：中華書局，1985 年）。

15. 〔清〕包世臣撰〔民國〕李星點校：《藝舟雙楫》，收入《包世臣全集》（合肥：黃山書社，1994 年 5 月）。

16. 〔清〕劉文淇著〔民國〕曾聖益點校；蔣秋華審訂：《劉文淇集》（臺北：中央研究院中國文哲研究所，2007 年 12 月）。

17. 〔清〕龔自珍著：《定盦文集補編》，收入《評校足本龔定盦全集》（臺北：新文豐出版，1975 年 3 月）。

18. 〔清〕何紹基撰：《東洲草堂文鈔》，收入《何紹基詩文集》（湖南：岳麓書社，1992 年 3 月）。

19. 〔清〕陳澧著〔民國〕黃國聲主編：《陳澧集》第 1 冊（上海：上海古籍出版社，2008 年 7 月）。

20. 〔清〕蕭穆著：《敬孚類稿》，收入沈雲龍主編：《近代中國史料叢刊》第 43 輯（臺北：文海出版社，1973 年 12 月）。

21. 〔清〕李慈銘撰：《越縵堂日記》（北京：北京浙江公會，1910 年）。

22. 〔清〕陳康祺撰〔民國〕晉石點校：《郎潛紀聞二筆》，收入《郎潛紀聞初筆二筆三筆》（北京：中華書局，1997 年 12 月）。

23. 〔清〕葉昌熾著〔民國〕王欣夫補正；徐鵬輯：《藏書紀事詩附補正》（上海：上海古籍出版社，1989 年 9 月）。

近代論著（按出版時間先後排序）

1. 章太炎著：《檢論》，收入《筆記三編》（臺北：廣文書局，1970 年 12 月）。

2. 陳香編：《清代女詩人選集》上冊（臺北：人人文庫，1977 年 4 月）。

3. 劉聲木撰；徐天祥點校：《桐城文學淵源／撰述考》（合肥：黃山書社，1989 年 12 月）。

4. 錢鍾書著：《管錐編》，收入《錢鍾書作品集》6～①（北京：書林出版有限公司，1990 年 8 月）。

5. 趙伯陶著：《張惠言暨常州派詞傳》，收入費振剛主編：《中國歷代名家流派詞傳》第 9 冊（吉林：吉林人民出版社，1999 年 1 月）。

6. 劉恆著：《中國書法史（清代卷）》（江蘇：江蘇教育出版社，1999 年 10 月）。

7. 張舜徽著：《中國文獻學》，收入《張舜徽集》（武漢：華中師範大學出版社，2004 年 3 月）。

8. 張舜徽著：《清人文集別錄》，收入《張舜徽集》（武漢：華中師範大學出版社，2004 年 3 月）。

9. 周錫山編校：《王國維集‧文化學研究》第 2 冊（北京：中國社會科學院出版社，2008 年 12 月）。

七、叢書論述專書

1. 劉世珩撰：《聚學軒叢書總目提要》，收入《聚學軒叢書》（臺北：藝文印

書館，1970 年 6 月）。

2. 楊家駱著：《叢書大辭典》（臺北：中國學典館復館籌備處，1970 年 7 月）。

3. 陽海清編撰；蔣孝達校訂：《中國叢書綜錄補正》（江蘇：江蘇廣陵古籍刻印社，1984 年 8 月）。

4. 上海圖書館編：《中國叢書綜錄》第 1 冊（上海：上海古籍出版社，2007 年 3 月）。

八、現代學科、外文翻譯專書

現代學科書籍（按出版時間先後排序）

1. 黃慶萱著：《修辭學》（臺北：三民書局，2004 年 1 月）。

2. 張春興著：《教育心理學》（杭州：浙江教育出版社，2006 年 3 月）。

外文翻譯書籍（按出版時間先後排序）

1.〔奧地利〕西格蒙德・佛洛伊德（Sigmund Freud）著〔民國〕孫名之翻譯、巫毓荃審定：《夢的解析》（Die Traumdeutung）（臺北：貓頭鷹出版社，2000 年 9 月）。

2. 金偉燦（W. Chan Kim）、莫伯尼（Renee Mauborgne）合著；黃秀媛翻譯：《藍海策略》（Blue Ocean Strategy）》（臺北：天下遠見出版股份有限公司，2007 年 7 月）。

九、期刊、論文

學位論文（按出版時間先後排序）

1. 耿志宏：《惠棟之經學研究》（臺北：國立政治大學中國文學研究所碩士論文，1984 年 5 月）。

2. 方中士：《周易元亨利貞四德説研究》（高雄：國立高雄師範大學國文研究所碩士論文，1987 年 5 月）。

3. 陳秋虹：《清代荀學研究》（高雄：國立高雄師範大學國文研究所碩士論文，1992 年 5 月）。

4. 楊依純撰：《周易説卦傳思想研究》（高雄：國立高雄師範大學國文學系碩士論文，2000 年 6 月）。

5. 廖婉利撰：《虞翻易學思想研究》（高雄：國立高雄師範大學國文學系碩士論文，2004 年 6 月）。

6. 周婷婷：《中國近現代讖緯研究》（濟南：山東師範大學中國現代史專業碩士學位論文，2008 年 4 月）。

7. 王學祥：《孫星衍及其易學研究》（高雄：國立高雄師範大學經學研究所碩士論文，2008 年 6 月）。

8. 陳麗妃：《秦蕙田之昏禮學研究》（高雄：國立高雄師範大學經學研究所碩士論文，2009 年 7 月）。

9. 喬家駿：《孟喜、焦延壽、京房及其易學研究》（高雄：國立高雄師範大學國文學系博士論文，2010 年 7 月）。

期刊論文（按出版時間先後排序）

1. 陳奇猷：〈《呂氏春秋》成書的年代與書名的確立〉，《復旦學報（社會科學版）》1979 年第 5 期（1979 年 9 月），頁 103～104。

2. 陳師鴻森：〈「子夏易傳」考辨〉，《中央研究院歷史語言研究所集刊》第 56 本第二分（1985 年 6 月），頁 359～404。

3. 暴鴻昌：〈乾嘉考據學流派辨析——「吳派」、「皖派」說質疑〉，《史學集刊》總第 48 期（1992 年 8 月），頁 68～74。

4. 林滿紅：〈嘉道年間貨幣危機爭議中的社會理論〉，《中央研究院近代史研究所集刊》第 23 期上冊（1994 年 6 月），頁 161～203。

5. 張濤：〈略論荀爽易學〉，《河南大學學報（社會科學版）》第 39 卷第 3 期（1995 年 5 月），頁 71～75。

6. 呂紹綱：〈略說卦變〉，《中國文化月刊》總第 192 期（1995 年 10 月），頁 2～17。

7. 王金香：〈乾隆年間災荒述略〉，《清史研究》總第 24 期（1996 年 12 月），頁 93～99。

8. 張其成：〈卦象爻數源流考〉，《中國哲學史》1997 年第 4 期，頁 19～28。

9. 王青：〈《太玄》研究〉，《漢學研究》第 19 卷第 1 期（2001 年 6 月），頁 77～102。

10. 王邦雄：〈由老莊道家析論荀子的思想性格〉，《鵝湖學誌》總第 27 期（2001 年 12 月），頁 1～31。

11. 孫劍秋：〈惠棟《易》學著作特色、特色及其貢獻述評〉，《國立臺北師範學院學報·人文藝術類》第 16 卷第 1 期（2003 年 3 月），頁 55～78。

12. 王新春：〈荀爽易學乾升坤降說的宇宙關懷與人文關切〉，《中國哲學史》2003 年第 4 期，頁 50～56。

13. 〔日〕池田秀三作；洪春音譯：〈緯書鄭氏學研究序說〉，《書目季刊》第 37 卷第 4 期（2004 年 3 月），頁 59～78。

14. 鄭萬耕：〈試論《太玄》對《易傳》辯證思維的發展〉，《哲學與文化》第 31 卷第 10 期（2004 年 10 月），頁 95～108。

15. 陳修亮：〈試論惠棟《周易述》的治易特色〉，《周易研究》總第 69 期（2005 年 2 月第 1 期），頁 40～48。

16. 漆永祥：〈清人稀見著述十五種提要〉，《文獻季刊》總第 105 期（2005

年 7 月第 3 期），頁 189～199。

17. 黃新根：〈卦象說初探〉，《周易研究》總第 72 期（2005 年 8 月第 4 期），頁 33～37。

18. 夏長樸：〈《四庫全書總目》與漢宋之學的關係〉，《故宮學術季刊》第 23 卷第 2 期（2005 年 12 月），頁 83～128。

19. 王應憲：〈惠士奇「罰修鎮江城」考論〉，《東方論壇》（2006 年 6 月第 3 期），頁 108～113。

20. 梁韋弦：〈漢易卦氣學的理論原理〉，《周易研究》總第 77 期（2006 年 6 月第 3 期），頁 73～78。

21. 鄭吉雄：〈中國古代形上學中數字觀念的發展〉，《周易研究》總第 79 期（2006 年 10 月第 5 期），頁 1～17。

22. 劉大鈞：〈今、古文易學流變述略——兼論《子夏易傳》真偽〉，《周易研究》總第 80 期（2006 年 12 月第 6 期），頁 3～8。

23. 林忠軍：〈讀鄭易管見〉，《周易研究》總第 80 期（2006 年 12 月第 6 期），頁 9～15、44。

24. 陳伯适：〈惠棟改易經文以釋《易》述評〉，《臺中教育大學學報：人文藝術類》第 20 卷第 2 期（2006 年 12 月），頁 1～31。

25. 黃師忠天：〈史事宗易學研究方法析論〉，《周易研究》總第 85 期（2007 年 10 月第 5 期），頁 39～52。

26. 呂玫鍰：〈社群建構與浮動的邊界：以白沙屯媽祖進香為例〉，《臺灣人類學刊》第 6 卷・第 1 期（2008 年 6 月），頁 31～76。

27. 羅卓文：〈孫星衍《易》學述要〉，《通識教育學報》總第 13 期（2008 年 6 月），頁 33～55。

28. 康全誠、張忠智、莊桂英：〈清代《易》學特色〉，《遠東學報》第 26 卷第 4 期（2009 年 12 月），頁 585～593。

29. 曾聖益：〈「數術」與「術數」之名義辨析〉，《輔仁國文學報》總第 30 期（2010 年 4 月），頁 65～80。

30. 陳詠琳：〈對數字卦的另一種解釋〉，《輔大中研所學刊》總第 23 期（2010 年 4 月）。

31. 楊師晉龍：〈第五講——標點與閱讀的分析討論（五）〉，《國文天地》第 26 卷第 11 期（2011 年 4 月），頁 69～74。

論文集（按出版時間先後排序）

1. 戴君仁：〈雜家與淮南子〉，收錄於陳新雄、于大成主編：《淮南子論文集》（臺北：木鐸文出版社，1976 年 1 月），頁 1～26。

2. 洪惟助：〈論禮記樂記的音樂思想〉，收錄於李曰剛等編：《三禮論文集》

（臺北：黎明文化事業，1982 年 10 月），頁 187～194。

3. 王夢鷗：〈禮記月令校讀後記〉，收錄於李曰剛等編：《三禮論文集》（臺北：黎明文化事業，1982 年 10 月），頁 251～265。

4. 黃壽祺：〈論易學之門庭〉，收錄於黃壽祺、張善文編：《周易研究論文集（第一輯）》（北京：北京師範大學出版社，1988 年 10 月），頁 530～535。

5. 崔大華：〈論經學之訓詁〉，收錄於林慶彰主編：《經學研究論叢》第一輯（新北市：聖環圖書，1994 年 4 月），頁 1～15。

6. 鄭吉雄：〈乾嘉學者治經方法與體系舉例試釋〉，收錄於蔣秋華主編：《乾嘉學者的治經方法》上冊（臺北：中央研究院文哲所籌備處，2000 年 10 月），頁 109～139。

7. 曾聖益：〈乾嘉時期之輯佚書與輯佚學淺論〉，收錄於蔣秋華主編：《乾嘉學者的治經方法》上冊（臺北：中央研究院文哲所籌備處，2000 年 10 月），頁 209～322。

8. 張政烺：〈試釋周初青銅器銘文中的易卦〉、〈帛書六十四卦跋〉、〈殷墟甲骨文中所見的一種筮卦〉，分別收錄於張政烺著：《張政烺文史論集》（北京：中華書局，2004 年 4 月），頁 561～580、頁 680～691、714～723。

9. 賴貴三：〈乾嘉學者易學研究的貢獻與檢討〉，收錄於賴貴三著：《易學思想與時代易學論文集》（臺北：文津出版社，2007 年 11 月），頁 544～572。

10. 林忠軍：〈鄭玄與《周易注》〉，收錄於林忠軍主編：《歷代易學名著研究》上冊（濟南：齊魯書社，2008 年 5 月），頁 129～220。

11. 王葆玹：〈西漢《易》學卦氣說源流考〉，收錄於林慶彰編：《中國經學史論文選集》上冊（臺北：文史哲出版社，2008 年 9 月），頁 173～185。

12. 鄭吉雄：〈乾嘉經典詮釋的典範性綜論——思想史的考察〉，收錄於勞悅強、梁秉賦主編：《經學的多元脈絡：文獻、動機、義理、社群》（臺北：臺灣學生書局，2008 年 10 月），頁 83～110。

會議論文（按出版時間先後排序）

1. 楊自平：〈兼重象數、義理之乾隆殿堂《易》著《御纂周易述義》〉，《第二屆易詮釋中的儒道互動國際學術研討會論文集》（高雄：臺灣大學中國文學系、高雄師範大學經學研究所聯合主辦，2008 年 12 月 6～7 日）。

十、網路資源

1.「中文古籍書目資料庫」網址：
http://rarebook.ncl.edu.tw/rbook.cgi/frameset4.htm

2.「中國國家圖書館網站——聯機公共目錄查詢系統」網址：
http://opac.nlc.gov.cn

附　錄

附錄一、姚配中學術年表

年　代	西元	姚配中歲數	姚配中及其著作相關事蹟	清代學人動向	易學大事記
乾隆五十七年	1792	一	▲姚配中出生	▲包世臣十八歲 ▲包世榮九歲 ▲薛傳均五歲 ▲劉文淇四歲	▲姚鼐六十二歲 ▲孫星衍四十歲 ▲張惠言三十一歲 ▲焦循三十歲 ▲李富孫二十九歲 ▲端木國瑚二十歲 ▲方申六歲
乾隆五十八年	1793	二			
乾隆五十九年	1794	三		▲汪穀生 ▲梅植之生	▲丁晏生，撰有《周易述傳》、《周易解故》、《易經象類》、《周易訟卦淺說》
乾隆六十年	1795	四		▲柳興恩生	▲《四庫全書提要》在浙江刻成，阮元作〈跋〉 ▲李富孫輯《李氏易解賸義》成，盧文弨為之〈序〉

嘉慶元年	1796	五			▲姚鼐始著《九經說》（包含〈易說〉，此時僅十二卷）
嘉慶二年	1797	六		▲楊亮生 ▲包世臣客於朱文正，乃見《十三經注疏》	▲張惠言撰成《周易虞氏義》
嘉慶三年	1798	七			▲孫星衍與畢以田校刊《周易口訣義》、《周易集解》 ▲王謨輯刊《漢魏遺書鈔》
嘉慶四年	1799	八			▲孫堂輯《漢魏二十一家易注》，刊于映雪草堂
嘉慶五年	1800	九			▲蔡首乾《周易闡象》刊行
嘉慶六年	1801	十		▲包世臣至揚州	
嘉慶七年	1802	十一		▲劉文淇肄業梅花書院，與包世臣、包世榮、薛傳均、凌曙等人從洪梧問學	▲張惠言卒，以《周易虞氏義》定本授弟子陳善 ▲宋咸熙輯刊呂祖謙《古易音訓》，並自序
嘉慶八年	1803	十二			▲阮元刊印張惠言《周易虞氏義》、《周易虞氏消息》于琳瑯仙館，陳善、李兆洛、劉逢祿等人校之
嘉慶九年	1804	十三		▲包世臣至揚州，結識凌曙，因而間接認識劉錫瑜及其子劉文淇	▲張成孫錄其父張惠言《易緯略義》三卷成，作後記

嘉慶 十年	1805	十四			▲阮元撰成《十三 經校勘記》 ▲張海鵬輯刊《學 津討源叢書》， 內有《易》注十 一種
嘉慶 十一年	1806	十五		▲包世臣之師 朱文正卒 ▲劉文淇開始 自行講學 ▲洪桐退職梅 花書院	
嘉慶 十二年	1807	十六		▲劉文淇、薛傳 均兩人同時 補博士弟子	
嘉慶 十三年	1808	十七		▲包世臣中 舉，逐攜包世 榮至揚州。包 世榮是年始 專治於《詩》 ▲劉文淇與包 世榮結識	
嘉慶 十四年	1809	十八			▲姚鼐增益《九經 說》，從十二卷 增至十七卷
嘉慶 十五年	1810	十九			▲姚鼐《九經說》 十七卷刊行
嘉慶 十六年	1811	二十	▲姚配中成年，此 時已遍覽經、 史、子部書籍， 就連天文、曆 法、音韻等學問 也莫不通曉	▲包世臣自京 都返揚州	▲孫星衍因病致仕
嘉慶 十七年	1812	二十一			▲陳壽熊生，撰有 《陳氏易說》、 《讀易漢學私 記》
嘉慶 十八年	1813	二十二			

嘉慶 十九年	1814	二十三	▲包世榮居金陵，初識姚配中，見姚氏涉獵廣泛而無所長，勸其專攻易學，仲虞從之，遂壹志於易		
嘉慶 二十年	1815	二十四			▲焦循撰成《雕菰樓易學》 ▲姚鼐卒
嘉慶 二十一年	1816	二十五		▲包世榮推鄭玄以《禮》說《詩》之意，爲書十卷，有〈自序〉而無書名，既而棄之 ▲劉文淇與汪穀相識	▲蘇秉國《周易通義》刊行 ▲阮元爲焦循《雕菰樓易學》作〈序〉 ▲南昌學堂重刊《宋本十三經注疏》成，附阮元《校勘記》
嘉慶 二十二年	1817	二十六	▲姚配中前往揚州，後拜師包世臣，因而旅居揚州五年 ▲暫居洪桐家修訂《周易參象》，得諸友建議而大幅度修正、增訂原書，並改名爲《周易疏證》	▲姚配中與包世榮兩人一同遊歷揚州 ▲梅花書院舊講師洪梧卒，劉文淇作〈祭洪桐生師文〉，與包世臣、包世榮、薛傳均、凌曙等共同祭師	▲孫星衍卒，阮元爲之作〈傳〉
嘉慶 二十三年	1818	二十七		▲劉寶楠攜家來揚州	▲焦循《雕菰樓易學》刊行
嘉慶 二十四年	1819	二十八			▲丁晏先行撰寫《周易解故·自序》

嘉慶 二十五年	1820	二十九		▲劉文淇自序《左傳舊疏考正》	▲阮元創辦學海堂 ▲焦循卒，阮元為之作〈傳〉 ▲許桂林撰成《易確》 ▲惠棟《易大義》刊行，再傳弟子江藩為之作〈跋〉
道光 元年	1821	三十	▲劉文淇為姚配中《周易疏證》校正 ▲包世榮為姚配中《周易疏證》序言		▲俞樾生，撰有《玩易篇》、《易貫》、《周易互體徵》、《卦氣直日考》、《艮宦易說》等多種易書 ▲李富孫《周易異文釋》刊刻
道光 二年	1822	三十一	▲姚配中學得包世臣筆法，自此歸鄉	▲包世榮撰成《學詩識小錄》	
道光 三年	1823	三十二			▲丁晏撰《周易解故》
道光 四年	1824	三十三		▲沈欽韓為劉文淇作〈左傳舊疏考正序〉	▲焦循《雕菰樓集》刻成
道光 五年	1825	三十四		▲包世臣刻舊著言河漕鹽之書三卷，題曰《中衢一勺》	▲阮元輯刻《皇清經解》
道光 六年	1826	三十五	▲姚配中受邀參訂《旌德縣續志》	▲包世臣《中衢一勺》初出 ▲包世榮卒，包世臣為之作〈行狀〉	
道光 七年	1827	三十六	▲是時，姚配中讀書於梓山之麓	▲沈欽韓作〈包世榮墓表〉	▲端木國瑚《易圖象》已成 ▲黃以周生，撰有

					《十翼後錄》、《周易註疏贅本》、《周易故訓訂》
道光八年	1828	三十七	▲宋翔鳳爲姚配中《周易通論月令》作〈序〉	▲包世榮《毛詩禮徵》刻成 ▲劉寶楠、劉文淇、梅植之、包愼言、柳興恩、陳立六人相約各治一經，加以疏證 ▲汪穀卒	▲莊存與《彖傳論》、《彖象論》、《繫辭傳論》刊行 ▲樂涵《易門》刊于息亭
道光九年	1829	三十八	▲陳雲爲姚配中《周易通論月令》序言	▲薛傳均卒，劉文淇撰文祭之	▲阮元編《皇清經解》，刊于學海堂
道光十年	1830	三十九			
道光十一年	1831	四十	▲李宗沅遵循父親（李秉鐸）之命拜師姚配中	▲劉文淇爲薛傳均撰〈文學薛君墓誌銘〉	
道光十二年	1832	四十一		▲柳興恩中舉	▲汪德鉞《周易偶記》刊印
道光十三年	1833	四十二	▲姚配中開始撰寫《琴學》		
道光十四年	1834	四十三	▲姚配中《琴學》二卷撰成 ▲姚配中《周易通論月令》二卷撰成，並自序		▲許桂林《易確》刊行
道光十五年	1835	四十四		▲黃春谷爲劉文淇作〈左傳舊疏考正序〉	
道光十六年	1836	四十五		▲包愼言過揚州赴試 ▲李蘭卿邀劉文淇纂《揚州水道記》 ▲阮元獲悉柳興恩撰《穀梁大義述》	▲端木國瑚撰成《周易指》

道光 十七年	1837	四十六		▲包世臣重修 龍山包氏家 譜，並自序 ▲劉文淇撰《揚 州水道記》	▲端木國瑚卒
道光 十八年	1838	四十七		▲劉文淇《左氏 傳舊疏考正》 刊行 ▲薛傳均《說文 答問疏證》重 刊	▲方申《方氏易學 五書》刊行，全 書包含《諸家易 象別錄》、《虞氏 易象彙編》、《周 易卦象集證》、 《周易互體詳 述》、《周易卦變 舉要》五種
道光 十九年	1839	四十八		▲阮元讀薛傳 均《說文答問 疏證》，亦爲 之疏證一 條，商之於劉 文淇、劉寶楠	▲陳本淦編成《易 藝舉隅》
道光 二十年	1840	四十九		▲楊亮與劉文 淇刻薛氏《文 選古字通疏 證》 ▲阮元爲柳興 恩《穀梁大義 述》作〈序〉	▲方申卒
道光 二十一年	1841	五十			
道光 二十二年	1842	五十一			▲李道平《周易集 解纂疏》刊行
道光 二十三年	1843	五十二		▲劉文淇館於 阮元宅，借梅 植之所藏書 籍校勘《舊唐 書》 ▲梅植之卒，阮 元題碣	▲李富孫卒

道光 二十四年	1844	五十三	▲夏，包世臣至旌德拜訪姚配中，仲虞對包氏大談〈心成頌〉實爲作書之法 ▲十月，姚配中逝世，包世臣爲之撰〈清故文學旌德姚君傳〉，並收錄在《藝舟雙楫》	▲包世臣就旌德譚氏講席，方裒生平著述，增益《管情三義》、《齊民四術》、《中衢一勺》、《藝舟雙楫》四部著作，合稱《安吳四種》，印行五百部 ▲劉文淇爲梅植之撰〈清故貢士梅君墓誌銘〉，包世臣則爲之撰〈梅蘊生傳〉 ▲阮元爲梅植之《稽庵集》題箋	

附錄二、《禮記·月令》各月份所對應項目總表

項目月份	季節	太陽位置	黃昏南中星名	旦南中天星名	天干	帝	神	代表動物	音階	律	數	味	臭	祀	祭品
一	孟春	營室	參	尾						大蔟					
二	仲春	奎	弧	建星	甲乙	大皞	句芒	鱗	角	夾鐘	八	酸	羶	戶	脾
三	季春	胃	七星	牽牛						姑洗					
四	孟夏	畢	翼	婺女						中呂					
五	仲夏	東井	亢	危	丙丁	炎帝	祝融	羽	徵	蕤賓	七	苦	焦	灶	肺
六	季夏	柳	火	奎						林鐘					
中央土					戊己	黃帝	後土	裸	宮	黃鐘之宮	五	甘	香	中溜	心
七	孟秋	翼	建星	畢						夷則					
八	仲秋	角	牽牛	觜觿	庚辛	少皞	蓐收	毛	商	南呂	九	辛	腥	門	肝
九	季秋	房	虛	柳						無射					
十	孟冬	尾	危	七星						應鐘					
十一	仲冬	斗	東壁	軫	壬癸	顓頊	玄冥	介	羽	黃鍾	六	鹹	朽	行	腎
十二	季冬	婺女	婁	氐						大呂					

項目 月份	季節	天子 明堂 位	乘	駕	旗	衣	服	食	器
一	孟春	青陽左个	鸞路	倉龍	青旗	青衣	倉玉	麥與羊	疏以達
二	仲春	青陽大廟							
三	季春	青陽右个							
四	孟夏	明堂左个	朱路	赤騮	赤旗	朱衣	赤玉	菽與雞	高以粗
五	仲夏	明堂太廟							
六	季夏	明堂右个							
中央土	中央土	大廟大室	大路	黃騮	黃旗	黃衣	黃玉	稷與牛	圜以閎
七	孟秋	總章左个	戎路	白駱	白旗	白衣	白玉	麻與犬	廉以深
八	仲秋	總章大廟							
九	季秋	總章右个							
十	孟冬	玄堂左个	玄路	鐵驪	玄旗	黑衣	玄玉	黍與彘	閎以奄
十一	仲冬	玄堂大廟							
十二	季冬	玄堂右个							

附錄三、《周易姚氏學》引《周易述》對照表

條次	《周易姚氏學》載錄經文	《周易姚氏學》引惠氏之處	引《周易述》原文及其出處
1	〈自序·贊元第一〉：「自初至終，无非元之所爲……潛龍勿用，指元爲說，非謂元用而初爻不用。」	惠棟因荀義而以初九爲元、爲太極，未之審也。	見於《周易述·周易上經·乾》卷一之兩處，一在〈初九〉注：「乾爲龍，陽藏在下，故曰潛龍。其初難知，故稱勿用。大衍之數虛一不用，謂此爻也。」二在〈乾〉總疏：「荀爽注『大衍之數五十』云：〈乾〉初九潛龍勿用，故用四十九。初九，元也，即太極也。太極函三爲一，故大衍之數虛一不用耳。」
2	〈乾·初九〉卷一：「潛龍勿用。」	荀爽其用四十有九，注云「乾初九，潛龍勿用」者，蓋以潛龍爲元。全氣之伏辭見於初，故連言初九。惠氏棟據以爲說，乃云：「初九，元也，其一不用，謂此爻也。」遺去潛龍，專言爻數，亦語簡而失荀指矣。	
3	〈乾·用九〉卷一：「見羣龍无首，吉。」	惠棟又謂坤爲用。經明言：「乾元用九，亦无取坤。」此皆矯枉過直之論也。	見於《周易述·周易上經·乾·用九》卷一注：「九、六者，爻之變，〈坤〉爲用，發揮于剛柔而生爻，立地之道，故稱用也。」
4	〈乾·象傳〉卷一：「乾道變化，各正性命。保合大和，乃利貞。」	惠氏棟云：「〈乾〉爲性，〈巽〉爲命。〈乾〉〈坤〉變化，成〈既濟〉；剛柔位當，故正性命。」案：正性命謂成〈既濟〉是也，但陰陽各有性，各有命，成〈既濟〉无預〈巽〉事。〈乾〉性、〈巽〉命，似失之鑿。	引自《周易述·象上傳·乾》卷九：「〈乾〉爲性，〈巽〉爲命，〈乾〉變〈坤〉化，成〈既濟〉定，剛柔位當，故各正性命。陰陽合德，故保合大和，是利貞大義矣，故曰乃利貞。」
5	〈乾·文言〉卷二：「〈文言傳〉」	「文言」謂文王之言。「文言」曰元者，謂文王之所謂元者，乃善之長也。卦、爻辭皆文王作。……惠氏棟云：「『文言』者，指卦、爻辭也。以卦、爻辭爲文王制，故謂之『文言』。孔子爲之傳，故爲之〈文言傳〉，乃《十翼》之一也。」是也。《釋文》引梁武帝云：「『文言』是文王	引自《周易述·文言傳》卷十九：「『文言』者，指卦、爻辭也。以卦、爻辭爲文王制，故謂之『文言』。孔子爲之傳，故爲之〈文言傳〉，乃《十翼》之一也。」

		所制。」蓋以鄭謂爻、卦辭是文王作，故云「文言」是文王所制，其曰「文言」指卦、爻辭乃釋，所以稱「文言」之故，非謂〈文言傳〉為文王所作也。	
6	〈乾‧文言〉卷二：「或躍在淵，自試也。」	惠氏棟云：「求陽正位而居之，故自試。」四非居五，則當下居初，或之，故自試也。	引自《周易述‧文言傳》卷十九：「求陽正位而居之，故自試。」
7	〈乾‧文言〉卷二：「潛龍勿用，陽氣潛藏。」	惠氏棟云：「陽息初，〈震〉下有伏〈巽〉，故曰潛藏。」案：初之潛藏，自謂陽在地中，若云伏巽，巽初陰爻耳，與乾陽无與，且伏巽是巽伏，非陽氣潛藏之義。	引自《周易述‧文言傳》卷十九：「陽息初，〈震〉下有伏〈巽〉，故曰潛藏。」
8	〈坤‧象傳〉卷三：「地勢坤，君子以厚德載物。」	案：惠氏棟云：「《漢書‧敘贊》曰：『坤作地勢，高下九則。』高下者，地之勢也。《白虎通》曰：『地有三形，高下平。』卦有兩〈坤〉，故以勢言之。	引自《周易述‧象上傳‧坤》卷十一：「地有高下，《楚語》文。《漢書‧敘贊》曰：『〈坤〉作墜勢，高下九則。』是也。高下者，地之勢也。《白虎通》曰：『地有三形，高下平。』卦有兩〈坤〉，故以勢言之。」
9	〈坤‧初六‧象〉卷三：「履霜堅冰，陰始凝也。馴致其道，至堅冰也。」	惠氏棟云：「〈坤〉凝〈乾〉自初始，至上六而與〈乾〉接。故初曰始凝，上曰陰凝於陽必戰。」	引自《周易述‧象上傳‧坤》卷十一：「〈坤〉凝〈乾〉自初始，至上六而與〈乾〉接。故初曰始凝，上曰陰凝於陽必戰。」
10	〈坤‧六二〉卷三：「直方大，不習，无不利。」	惠氏棟云：「乾為直，坤為方，陽動直，而大生焉，故直方大。」惠意蓋謂陽來之坤二，已化成陽也，但二成陽則失位，何地道之能光？	引自《周易述‧周易上經‧坤‧六二》卷一注：「乾為直，坤為方，故曰直方。陽動直，而大生焉，故曰大。」
11	〈蒙‧象傳〉卷四：「蒙以養正，聖功也。」	惠氏棟據〈洪範〉「聖，時風若；蒙，恆風若。」為說。謂蒙與聖反，陰反為陽，猶蒙反為聖。又引《呂覽》：「學者師達而有材，吾未知其不為聖人也。」為證。與經旨不合。	引自《周易述‧象上傳‧蒙》卷九：「〈洪範〉：『休徵曰聖，時風若；咎徵曰蒙，恆風若。』是蒙與聖反也。……《呂氏春秋》曰：『學者師達而有材，吾未知其不為聖人也。』是也。」

12	〈蒙・九二〉卷四：「包蒙，吉。納婦吉，子克家。」	**惠氏棟既用伏巽爲婦之說，又云：「二五失位，變之正，則五剛二柔，故納婦吉。」** 是仍不謂伏巽，亦自矛盾矣。	引自《周易述・周易上經・蒙》卷一總疏：「九居二，有師道。據初，故初發蒙；應五，故五童蒙，吉。包蒙之象也。〈巽〉伏〈震〉下，故伏〈巽〉爲婦也。象曰利貞，以二五失位，變之正則五剛二柔，故納婦吉，子克家。婦謂二，子謂五也。」
13	〈蒙・上九〉卷四：「擊蒙，不利爲寇，利禦寇。」	**惠氏棟云：「上應三，三行不順，是寇也，非昏冓也，故禦之。」**	引自《周易述・周易上經・蒙》卷一總疏：「禦，禦三也。上應三，三行不順，是寇也，非昏冓也，故利禦之。」
14	〈比〉卷五：「吉。原筮元，永貞无咎。」	**惠氏棟以原爲再，云：「二爲原筮，初九爲元。」** 非是。經云原、云元，則无再筮之意。	引自《周易述・周易上經・比》卷二注：「原，再也。二爲原筮，初九爲元，〈坤〉爲永。二升五得正，初在應外，終來有它，吉，故原筮元，永貞无咎。」
15	〈比・象傳〉卷五：「吉也。比，輔也。下順從也。」	**惠氏棟以爲下謂五陰，一在上，四在下，引孟康《漢書注》：「陽爲上，陰爲下。」** 以證。案：陽上陰下，猶君尊臣卑之義，非謂上爻有下稱。經云：後夫凶，則上不在順從之列可知。	見於《周易述・象上傳・比》卷九：「下謂五陰，卦有五陰，一在上，四在下，而皆謂之下者，〈師〉上體〈坤〉，〈繫上〉曰：『天尊地卑，乾坤定矣。』是則天尊爲上，地卑爲下。……孟康注『謂陽爲上，陰爲下。』是也。」此總卦義，故謂五陰爲下。下傳分言之，則有上下後夫之殊也。
16	〈履・九二〉卷五：「履道坦坦，幽人貞吉。」	**惠氏棟依虞訟二幽坎獄中之義，而譏以高士爲幽人爲非**，似失之。	見於《周易述・周易上經・履》卷二總疏：「幽人，幽繫之人。《尸子》曰：『文王幽于羑里。』《荀子》曰：『公侯失禮則幽。』〈訟〉時二體〈坎〉，〈坎〉爲獄，二在〈坎〉獄中，故稱幽人。俗謂高人爲幽人，非也。」
17	〈大有・九三〉卷六：「公用亨于天子，小人弗克。」	虞注又云：二變得位體〈鼎〉象，是虞以亨爲饗宴。**惠氏棟伸虞義，引大亨以養聖賢，云三賢人，又引《左傳》「天子降心以逆公」爲證。** 但以易稱亨之例推之，如王用亨于岐山、王用亨于西山，不得謂岐山、西山亨王。	見於《周易述・周易上經・大有》卷二總疏：「〈鼎・象傳〉曰：大亨以養聖賢。三賢人，二變體〈鼎〉，養賢之象，故云公用亨于天子。僖二十四年《春秋傳》卜偃說此卦云：『天子降心以逆公。』五履信思順，又以尚賢，

		則此公用亨于天子，即不得謂天子亨公。虞雖取〈鼎〉象，未明言亨之者爲誰？虞又云：四折鼎足，覆公餗，公餗者，三公之職，亦不得謂此。	故有降心逆公之事。三應上，上爲宗廟，天子亨諸侯必于祖廟也。」
18	〈謙‧六四〉卷六：「无不利，撝謙。」	惠氏棟云：「《太玄》八十一家各有剛柔之性，故稱家性，《易》六十四卦亦然。」	引自《周易述‧周易上經‧謙》卷三總疏：「《太玄》八十一家各有剛柔之性，故稱家性。六十四卦亦然。」
19	〈隨‧象傳〉卷六：「澤中有雷，隨。君子以嚮晦入宴息。」	惠氏棟云：「巽爲入，艮爲止。」案：上反入初，陽息於陰也，互艮爲宮室。	引自《周易述‧象上傳‧隨》卷十二：「宴，安；息，止也。〈坤〉爲晦、爲安，〈巽〉爲入，〈艮〉爲止，上來入〈坤〉，故以嚮晦入宴息。」
20	〈隨‧初九〉卷六：「官有渝，貞吉。出門交有功。」	惠氏棟伸之云：「官，官鬼也。震初庚子水，得否坤乙未土之位，水以土爲官。」案：《易》以爻象爲主，不當雜以官鬼之說。	引自《周易述‧周易上經‧隨》卷三總疏：「官，官鬼也。……京房謂：『世應、官鬼、福德之說，皆始于文王。』《火珠林》亦云：故《九家易》曰：『震爲子，得土之位，故曰官。』是也。卦自〈否〉來，〈震〉初庚子水，得〈否〉。〈坤〉乙未土之位，水以土爲官，以〈震〉易〈坤〉，故官有渝也。」
21	〈觀‧象傳〉卷七：「聖人以神道設教，而天下服矣。」	惠氏棟云：「〈祭義〉曰：合鬼於神，教之至也。明命鬼神，以爲黔首，則百眾以畏，萬民以服。」	引自《周易述‧象上傳‧觀》卷九：「〈祭義〉曰：宰我曰：吾聞鬼神之名，不知其所謂。子曰：氣也者，神之盛也；魄也者，鬼之盛也。合鬼與神，教之至也。因物之精，制爲之極；明命鬼神，以爲黔首，則百眾以畏，萬民以服。」
22	〈賁‧初九‧象〉卷七：「舍車而徒，義弗乘也。」	惠氏棟云：「禮唯大夫不徒行，初爲士。《尚書大傳》曰：古之命民，能敬長憐孤，取舍好讓。舉事力者命於其君，得命然後得乘飾車駢馬。未有命者不得乘，乘者有罰。」	引自《周易述‧象上傳‧賁》卷十二：「禮唯大夫不徒行，初爲士，故云義弗乘也。《尚書大傳》曰：古之命民，能敬長憐孤，取舍好讓。舉事力者命於其君，得命然後得乘飾車駢馬；未有命者不得乘，乘者有罰。」

23	〈賁・九三〉卷七：「賁如濡如，永貞吉。」	**惠氏棟云**：「〈坎〉水自潤，故濡如。」案：《詩》六轡如濡。箋云：如濡，云鮮澤也。三得位，故濡如。	引自《周易述・周易上經・賁・九三》卷三注：「〈离〉文自飾，故賁如。〈坎〉水自潤，故濡如。體剛履正，故永貞吉。」
24	〈賁・上九〉卷七：「白賁，无咎。」	**惠氏棟云**：「上者，賁之成。〈攷工記〉曰：『畫繪之事後素功。』《論語》曰：『繪事後素。』」	引自《周易述・周易上經・賁》卷三總疏：「五變體〈巽〉，故〈巽〉爲白。卦成於上，故云：上者，〈賁〉之成。〈考工記〉曰：『畫繪之事後素功。』《論語》曰：『繪事後素。』
25	〈剝・象傳〉卷七：「上以厚下安宅。」	**惠氏棟云**：「君子德輿，民所載也，民安則君安。」	引自《周易述・象上傳・剝》卷十二：「陰稱安，故爲安。〈艮〉爲居，故爲宅。經曰：君子德車。〈象〉曰：民所載也。民安則君安，是厚下安宅之義也。」
26	〈大畜〉卷八：「利貞。不家食吉。利涉大川。」	**惠氏棟云**：「以〈艮〉畜〈乾〉，謂之〈大畜〉。」	引自《周易述・周易上經・大畜》卷四注：「〈大壯〉初之上，與〈萃〉旁通。陽稱大，謂〈艮〉上也。以〈艮〉畜〈乾〉，故曰〈大畜〉。二五失位，故利貞。」
27	〈大畜・象傳〉卷八：「剛健篤實，輝光日新。其德剛上而尚賢。」	**惠氏棟云**：「易氣從下生，故〈象傳〉之例，先下而上。」	引自《周易述・象上傳・大畜》卷九：「易氣從下生，故〈象傳〉之例，先下而上。」
28	〈大過・九四〉卷八：「棟隆，吉。有它吝。」	**惠氏棟曰**：「初四易位，故吉，過應上則橈，故有它吝。」	引自《周易述・周易上經・大過・九四》卷四注：「〈巽〉高爲隆，故棟隆。初四易位，故吉。應上非正，故有它吝。」
29	〈遯・九五〉卷九：「嘉遯，貞吉。」	**惠氏棟云**：「亨者，嘉之會。」然則此遯而亨者與。	見於《周易述・周易下經・遯》卷五總疏：「〈文言〉曰：『亨者，嘉之會也。』昏禮爲嘉，陰陽相應，義同昏冓，故爲嘉。五剛當位，正應在二，故嘉遯，貞吉也。」
30	〈晉〉卷九：「康侯用錫馬蕃庶，晝日三接。」	**惠氏棟讀錫爲納錫、錫貢之錫**。但經云：「康侯用錫馬。」與「康周公故以賜魯也」同義。彼謂賜魯，則此宜謂賜諸侯，賜之所以康之，不得謂諸侯錫王也。	見於《周易述・周易下經・晉》卷五總疏：「〈坎〉爲馬美脊，〈坤〉爲用，故用錫馬。錫讀納錫、錫貢之錫。」

31	〈家人・九三〉卷十：「家人嗃嗃，悔厲吉。婦子嘻嘻，終吝。」	惠氏棟曰：「得位，故未失；動失正，故失家節。」	引自《周易述・象下傳・家人》卷十三：「得位，故未失；動失正，故失家節。」
32	〈蹇〉卷十：「利西南，不利東北。」〈彖〉曰：「蹇難也，險在前也。見險而能止，知矣哉！」	坎五及乾居坤五成比者也，險在前，見險而止，止而往西南，故云利西南。利西南，在蹇後。惠氏棟云：「〈升〉二之五。」張氏惠言云：「〈乾〉五當使三之〈復〉二成〈睽〉。」非是。	見於《周易述・周易下經・蹇》卷六注：「〈升〉二之五，或說〈觀〉上反三，與〈睽〉旁通。西南謂〈坤〉，東北〈艮〉也。二往居〈坤〉，故利西南。卦有兩〈坎〉，〈坎〉為險，下〈坎〉在前，直〈艮〉東北之地，故不利東北。」
33	〈井・六四〉卷十一：「井甃，无咎。」	惠氏棟云：「初舊井无禽，變之正，與四應。四來修初，故无咎也。」	引自《周易述・周易下經・井》卷七總疏：「馬融云：『甃為瓦裏下達上，是以瓦甓壘井也。』甃以瓦甓，故云〈离〉火燒土為瓦。初舊井无禽，變之正，與四應。四來修初，故无咎也。」
34	〈井・上六〉卷十一：「井收勿幕，有孚元吉。」	惠氏棟云：「〈既濟〉之功，至上而成。」	引自《周易述・象下傳・井》卷十四：「〈既濟〉之功，至上而成，故云：元吉在上，大成也。」
35	〈繫辭上傳〉卷十四：「仁者見之謂之仁，知者見之謂之知，百姓日用而不知，故君子之道鮮。」	惠氏棟云：「見仁見知，賢知之過。日用不知，愚不肖之不及。」一陰一陽，道之全也，仁知合，乃為君子之道。	引自《周易述・繫辭上傳》卷十五：「〈乾〉為仁，〈坤〉為知，〈乾〉為百，〈坤〉為姓。見仁見知，賢知之過；日用而不知，愚不肖之不及也。知仁合乃為君子之道。」
36	〈繫辭上傳〉卷十四：「富有之謂大業，日新之謂盛德。生生之謂易，成象之謂乾，爻法之謂坤。極數知來之謂占，通變之謂事，陰陽不測之謂神。」	惠氏棟以「富有之謂大業」，至「陰陽不測之謂神」為後師所訓，云：「上義已盡，故知此下四十六字，後師所訓。」案：惠說非也。	引自《周易述・繫辭上傳》卷十五：「此一章皆聖人微言，上義已盡，故知此下四十六字，後師所訓也。」

附錄四、《周易姚氏學》引《周易虞氏義》對照表

條次	《周易姚氏學》載錄經文	《周易姚氏學》引張氏之處	引《周易虞氏義》原文及其出處
1	〈乾·用九〉卷一：「見羣龍无首，吉。」	張氏惠言謂：「用九變成〈既濟〉。〈離〉爲見，〈坤〉爲羣，〈乾〉、〈坤〉交〈離〉，〈乾〉象不見。」亦非。經明言見羣龍，何得云〈乾〉象？不見六爻爲羣，何取乎〈坤〉？	引自《周易虞氏義·乾·用九》卷一：「爻不正則道有變動，〈乾〉、〈坤〉用九、六，所以立消息、正六位也。〈乾〉二、四、上失正，用九變成〈既濟〉。〈離〉爲見，〈坤〉爲羣，〈乾〉爲龍、爲首。〈乾〉、〈坤〉交〈離〉，〈乾〉象不見，故見羣龍无首。〈乾〉道變化，各正性命，故吉也。六十四卦皆〈乾〉、〈坤〉用九、用六，通乎二篇之爻也。」
2	〈蠱·初六〉卷六：「榦父之蠱〔註1〕，有子，考无咎，厲終吉。」	張氏惠言云：「復成〈乾〉。」	引自《周易虞氏義·蠱·象傳》卷二：「復成〈乾〉。」
3	〈蠱·九二〉卷六：「榦母之蠱，不可貞。」	張氏惠言云：「謂當與五易位，不可自正。」	引自《周易虞氏義·蠱·九二》卷二：「注義凡言貞者之正也，凡言不可貞者正守也。此或失之不可貞者，謂當與五易位，不可自正而已。……三、四不變，故五待二易位。」
4	〈賁·六二〉卷七：「賁其須。」	張氏惠言云：「須，待也。五待之正。」……案：禮先戒宿，即所謂須。二欲應五，五未正位，坎險在前，故須。成〈既濟〉，則陰陽俱有應，三不據二，故與上興。	引自《周易虞氏義·賁·六二》卷三：「須，待也。二无應，待五之正，二則賁之。〈歸妹·六三〉：『歸妹以須。』注云：『須，需也。』彼待四正，與此同也。」

〔註1〕「蟲」爲錯字，《周易正義·蠱·初六》經文作「榦父之『蠱』，有子，考无咎。」參照〔魏〕王弼、〔晉〕韓康伯注〔唐〕孔穎達等正義：《周易正義·蠱·初六》卷三，收入〔清〕阮元校勘：《十三經注疏》（臺北：藝文印書館，2007年8月），頁58。

5	〈剝‧彖傳〉卷七：「剝，剝也，柔變剛也。不利有攸往，小人長也。順而止之，觀象也，君子尚消息盈虛，天行也。」	張氏惠言云：「易，謂乾元。」	引自《周易虞氏義‧剝‧彖傳》卷三：「邁也。易，乾元也。」
6	〈剝‧六三〉卷七：「剝之无咎。」	張氏惠言云：「〈剝〉窮於上，〈乾〉魂先反三。」失之於上，即反於下。	引自《周易虞氏義‧剝‧六三》卷三：「消三〈坤〉成〈剝〉體，已就故直言〈剝〉。〈剝〉窮於上，〈乾〉魂先返三，三返成〈艮〉，成終成始，故无咎。」
7	〈大過‧九二‧象傳〉卷八：「老夫女妻，過以相與也。」	張氏惠言云：「初比二，而二使之過與五；上比五，而五使之過與二。」	引自《周易虞氏義‧大過‧象傳》卷三：「初比二，而二使之過與五；上比五，而五使之過與二。」
8	〈蹇‧彖傳〉卷十：「蹇，難也，險在前也。見險而能止，知矣哉！蹇利西南，往得中也。不利東北，其道窮也。」	〈坎〉五及〈乾〉居〈坤〉五成〈比〉者也。險在前，見險而止，止而往西南，故云利西南。利西南，在蹇後。……張氏惠言云：「〈乾〉五當使三之〈復〉二成〈睽〉。」非是。	引自《周易虞氏義‧蹇》卷四：「〈乾〉五當使三之〈復〉二成〈睽〉也。三之〈睽〉成〈震〉、〈兌〉，西南得朋，五居〈坤〉中，以應〈睽〉五，故曰利西南，與〈坤〉同義。然則往得中者，謂三往居二中。爻就一卦言，以外體爲往；卦就消息言，以之卦爲往，義各有當也。」
9	〈繫辭下傳〉卷十五：「天地之道，貞觀者也。」	張氏惠言曰：「天尊地卑，天正位於五，地正位於二，中正以觀天下，故貞觀者也。」	引自《周易虞氏義‧繫辭下傳》卷八：「天尊地卑，天正位於五，地正位於二，中正以觀天下，故貞觀者也。」